SV

Wilhelm Schmidt-Biggemann

Sinn-Welten, Welten-Sinn

Eine philosophische Topik

Suhrkamp

Erste Auflage 1992

Satz: Satz- und Reprotechnik GmbH, Hemsbach
Druck: Druckhaus Beltz, Hemsbach
Printed in Germany

Die Deutsche Bibliothek – CIP-Einheitsaufnahme
Schmidt-Biggemann, Wilhelm:
Sinn-Welten, Welten-Sinn : eine philosophische Topik /
Wilhelm Schmidt-Biggemann. – 1. Aufl. –
Frankfurt am Main : Suhrkamp, 1992
ISBN 3-518-58131-7

Inhalt

Philosophie

Absolute Begriffe

Person

Möchtegern I: Schauen

Möchtegern II: Tun

Der erzeugte Gedanke ist eine unabhängige Macht, für sich fortwirkend, ja, in der menschlichen Seele so anwachsend, daß er seine eigene Mutter bezwingt und sich unterwirft.
(Schelling: Beobachtungen über das Gefühl der menschlichen Freiheit.)

Einführung

Dies ist ein philosophischer Erfahrungsbericht. Das Ergebnis – wie das bei Erfahrungen, Reisen so üblich – ist: eine Topographie von Erinnerungen, die insgesamt ein undeutliches Ganzes ergeben.
Die Topographie der Erinnerungen hat klarere und dunklere Begriffe, Projektionen, rückläufige Vereinfachungen, Ex-Post-Pointierungen. Es ist ein philosophischer Reisebericht in auf- und absteigender Linie, nicht ordentlich, aber auch nicht überraschend, nicht systematisch, aber auch nicht assoziativ, ein Itinerarium mentis zum Kennenlernen; Erfahrungen des flanierenden Geistes in philosophischen Sinnlandschaften, ein Bummel in Bedeutungswelten, die Rast- und Aussichtspunkte bieten. Es gibt keine vorgeschriebenen Routen, keine Leitfäden methodischer Traktate, eher erinnerte Einblicke, Vornahmen und Rücksichten, die sich aus einander verstehen oder gar nicht.

Es werden Gebiete mit begrenztem Horizont, Aphorismen, beschrieben. Die Einheit der Erfahrungen, die Einheit semantischer Topoi zu einer Topo-Logie ist nicht angestrebt und, da archimedische Punkte wie das Selbstbewußtsein oder der Gottesbegriff nicht zur Verfügung stehen, wohl auch nicht möglich.

Es ist diese philosophische Topographie deshalb auch nur in den Bereichen, die zur Verfügung stehen, wissenschaftlich.

Sofern Wissenschaft die begriffliche Verfügung meint, zeigen sich die philosophischen Welten, die begreifbar sind, als wissenschaftsgeeignet. Wo es sich um Unbegreifliches, weil Unverfügbares handelt, kann man etwas erfahren, wahrnehmen, andeuten, muß man sich mit Schemata, Ahnungen, Wünschen, Phantasien zufriedengeben.

Weil Topik Philosophie in statu viatoris ist, ist Reisebeschreibung die angemessene philosophische Gattung. Man ist in jedem Topos wie zuhause, aber doch immer nur vorübergehend. Philosophische Reisebeschreibungen erweitern den Horizont und damit die Erfahrung. Das gilt für räumliche und für zeitliche Erfahrungen: Die Nähe ist immer relativ zu dem, wo man sich gerade aufhält; das gilt gerade auch für vergangene Erfahrungen und Erfahrungen der Vergangenheit, die wieder aufgesucht werden können. Der privilegierte Anspruch der Gegenwarterfahrungen ist nur Symptom für den Mangel an Erfahrungen. Zuordnung zum Hier und Jetzt ist Indiz für Bornierung.

Dies ist ein Buch für die, die sich auf Erfahrung einlassen wollen und einzulassen wissen. Es müssen nicht freie Geister sein, aber neugierige.

Erfahrung philosophischer Gegenden erschließt keine terra incognita, die Erfahrungen erinnern an Ein- und Aussichten, an carmina, prius audita. So wenig wie Gegenwartsbezug privilegiert ist, so wenig gibt es einen Sinn, das Neue, die Avantgarde zu bevorzugen. Das, was man erfährt, ist eo ipso neu, und wenn es anderwärts schon erfahren wurde, dann deshalb, weil das Erfahrene eben ein Erfahrungstopos ist. Es ist der Reichtum der Enzyklopädie, der sich dem Neugierigen eröffnet, ohne Systemstrenge, auch nicht mit der Notordnung des Alphabets. Es geht nicht um die Verfügbarkeit der enzyklopädischen Erfahrungen, es geht darum, Erfahrungsfähigkeit zu entwickeln, Erfahrungen möglich zu halten, ohne sie vorschnell einzuordnen. Aber Erfahrungen haben ihre Gegend. Für jede Erfahrung muß man in der Gegend sein, die diese Erfahrungen eröffnen kann. Hält man sich in den richtigen Gegenden auf, kann man von Begriffen aus Fernsichten bekommen, kann man in Geschichten segeln, in Semantik suhlen. Enzyklopädie kann erfahren werden. Indem Wissen und Ahnung erfahren werden, zeigt sich ihr Sinn, zeigt sich ihre Gegend, eröffnen sich Sinn-Welten und Welten-Sinn.

TOPIK UND GEDÄCHTNIS

»....nisi memoria ipsa«

1 Gegend

Das Gedächtnis ist im Fluß. Fluß ist Bewegung, kontinuierlich in beständiger Veränderung. Was sich verändert, verändert sich gegen-über etwas. Durch Gegenkräfte entstehen Spuren und Konturen, es wird Sinn sichtbar. Sinn ist etymologisch Richtung. Wo Richtung ist, scheint Ordnung auf; die Ordnung zeigt sich beim Funktionieren von Gedächtnis, bei der Arbeit an der erinnerten Erfahrung.
So spalten sich das Gedächtnis und sein Begriff: Das Erinnerte und das Erinnernde fallen auseinander und sind doch nur eines. Beiden gemeinsam ist ihre Zuordnung. Und es entstehen damit im Fluß des Gedächtnisses Konturen, Richtungen, Disjunktionen und Koordinaten, aus dem Fluß des Gedächtnisses wird eine Gegend. Geist, als der sich das Gedächtnis mitbegreift, ist der Sturmvogel über Fluß und Gegend, selbst von der Art des Gedachten und doch, als Sorger, für die Ökonomie und die Disponibilität des Gedachten und seiner selbst zuständig. Seine Richtung, das, worauf es mit ihm hinausläuft, ist der Sinn, den er entdeckt und der ihn prägt.

Gegend ist zugegen und entgegen, sie begegnet und ist entgegengesetzt, in ihr entstehen Gegner und Objekte, zeigt sich Übermächtiges und Disponibles. Für den Geist und im Gedächtnis erstehen Begriffsgegenden, Begriffswelten. Gegenden, von Sinn durchfurcht und durchzogen, machen Topo-logie aus, werden in ihrer Besonderheit und Andersheit erkennbar. Sie sind die Diskurse des Geistes.

Sinn ist das, worauf etwas hinausläuft, an das sich etwas anlagert, eine Ausrichtung, die kontinuierlich verläuft. Die Richtung dieses Laufs ist Handlung des Geistes; er wird vom Sinn gezogen und verfolgt ihn. Wo der Sinn und die Richtung handlungsleitend sind für den Geist, da wird Diskurs: die gespurte Bahn des Geistes, die Topologie für seinen orientierten, schon eingespielten Lauf.

Viele Sinne ergeben ein Feld. Die Regionen von Sinn können nicht von außerhalb bestimmt werden. Wo wäre der Punkt, der außerhalb des Sinnes läge? Sinn ist nur erfahrbar – das ist die Historie des Geistes. Man muß sich dem Lauf des Geistes überlassen: das ist Erfahrung, Erfahrung der Regionen und Topo-Logien, der Gegenden, in denen sich in der Erfahrung zeigt, daß sie »natürlich« zusammengehören. Die Zusammengehörigkeit macht die Logik in der Topologie aus – aber auch die kann sich nur zeigen.

Die »Logik« der Diskurse ist variabel, der Geist ist nicht ihr Herr. Topik ist Verfügbarkeit, Ständigkeit ohne Eigentlichkeit für den Geist. In jedem Diskurs ist die Semantik autonom. Was zusammengehören bedeutet, zeigt sich in der Analogie. Ob das, was zusammengehört, auch wünschbar und ob das Wünschbare bekömmlich ist, diese Modalität macht die Welt des Möchtegern aus. Topoi sind rationalisierende, differente Rück-Erinnerung an den Weg der Erfahrung, zweckmäßig fürs Wiederfinden disponiert.

Die Autonomie der Topoi ist stark. Topologien müssen weder miteinander kompatibel sein noch intern einer übergeordneten Logik gehorchen. Die Macht absoluter Begriffe, die Unvereinbarkeit ihrer Begriffsfelder macht deren Diskurse inkompatibel: Für das Verhältnis von Macht und Logik ist das an den Begriffen von Potentia absoluta und Potentia ordinata seit dem Hochmittelalter durchgespielt worden. Der Geist begreift sich überwältigt von der Topologie absoluter Begriffe.

Wo eine Topologie autark ist, wird es zur Frage der Dezision, ob eine Logik nach dem Satz des Widerspruchs, ob Dialektik, ob Geschichtenerzählen zum Inhalt der Semantik wird. Also kann man sich den Paradoxien und Absolutismen der historischen Erfahrungssemantik überlassen. Dann ist die Gefahr, borniert zu werden, am geringsten, wenn die Bornierung denn überhaupt als Gefahr gefaßt wird. Aber es könnte ja sein, daß etwas mit uns geschieht, daß sich Erfahrung ereignet.

2 Gedächtnis

Gedächtnis ist mehr als man gedacht hat.

Gedächtnis ist die Einheit des Unbegreiflichen, dessen, was als Einheit nicht denkbar ist, des Inkompossiblen. Wenn ein Begriff ist, was Verschiedenes als Einheit zusammendenkt, dann ist das Gedächtnis die Einheit des Inkompossiblen, eine unbegriffliche Einheit. Deshalb sind die Begriffe im Gedächtnis nicht im logischen Sinne möglich – Möglichkeit ist Kompossibilität – denn sie können nicht gleichzeitig gedacht werden. Die Begriffe im Gedächtnis können gegenläufig, widersinnig sein, mithin gemeinsam sinnlos – und es gibt sie doch in ihrem Kampf miteinander oder in ihrer Nachzeitigkeit.

Gedächtnis ist die unbegreifliche Einheit des Begrifflichen und des Unbegrifflichen, des Möglichen und des Unmöglichen, Gedächtnis ist deshalb nicht konstruierbar, sondern nur erfahrbar. Gedächtnis ist die Gegend der Analogie und der Hof des Denkens.

Der Status der Gedächtnisinhalte liegt zwischen Möglichkeit und Wirklichkeit. Erfahrungsbegriffe wirken im Gedächtnis – sie sind in diesem Sinn *wirk*-lich. Die Möglichkeit des Gedächtnisses zeigt sich in seiner eindeutigen oder vieldeutigen Wirklichkeit. Es wirken die Begriffe, die abrufbar sind, direkt, und es wirken die Begriffe, die mit den abrufbaren unvereinbar sind, in der Aktualisierung der abrufbaren Begriffe.

Die Inhalte des Gedächtnisses liegen nicht friedlich beieinander wie die Teile in einem Ersatzteillager. Die *Wirk*lichkeit dieser möglichen Gedanken ist durch ihre Semantik geprägt. Gedächtnisinhalte sind unterschiedlich mächtig. Sie können semantisch unverträglich sein. Solche semantischen Begriffskämpfe hat die Psychoanalyse in allen Fassungen der Individualpsychologie längst entdeckt.

Wie kann die Einheit des Gedächtnisses gegen die Einflüsse übermächtiger Semantik einzelner Erfahrungen (Über-Ich, Vaterbilder, Mutterkomplexe) behauptet werden? Selbstermächtigung des individuellen Geistes steht gegen die partikularen Semantiken der Gedächtnisinhalte. Die Erinnerungsökonomie der Person ist das Ziel der Gedächtniskunst.

Das Gedächtnis ist der Tummelplatz der Erfahrungen. Die Spuren der Ereignisse, die das Gedächtnis prägten, bleiben lebendig – sie wirken, weben und leben unbedacht und wirken auf den Geist zurück. Die Intensität der Erfahrungen und die Sorge, alle Erfahrungen ertragen zu müssen, ohne zu wissen, wie das geschehen soll, macht die Not des Gedächtnisses aus. Dieser Ökonomiezwang des Gedächtnisses provoziert die semantischen Kämpfe der Erinnerungen. Deshalb zeigen sich Blockaden, Neurosen, Psychosen, die die semantischen Machtbereiche im Begriffskampf signalisieren. Ziel dieses Kampfes ist es, die Gewalt der Erfahrung erträglich zu machen, die Gedächtnisinhalte zu domestizieren. Wo das gelingt, sind Begriffe und Erinnerungen verfügbar, wo nicht, entsteht, bleibt die Not des Erinnerns.

3 Schmerz und Spur

Aischylos, πάϑει μάϑος, der durch Leiden lernt.

Aristoteles: περὶ ἑρμηνειας (16 a): ἔστι μὲν οὖν τὰ ἐν τῇ φωνῇ τῶν ἐν τῇ ψυχῇ παϑημάτων σύμβολα. – Es liegen die Spuren seelischen Leidens im Reden.

Das ist die Metapher von der Erfahrung und der Spur bei Herbarth (Psychologie), Nietzsche, Freud, Derrida.

Empfänglichkeit, Leiden und Lernen laufen auf dasselbe hinaus. Das Wissen ist der Schmerz des anderen Selbst. Selbstbewußtsein ist dann die erinnernde Rücksicht an den Schmerz des Sich-selber-Fühlens in der urspünglichen Entzweiung. Das ist Nietzsches Physiologie. Zugleich ist Selbstbewußtsein – aristotelisch – das aufs andere Vorgreifende (προαίρεσις) der Seele: Vorlaufen und konsumieren, vereinnahmen, auch das Material dessen, was man hat, benutzen: Gedächtnis als Verfügungsgewalt.

Geist wird durch die Reibung von Differentem. Dabei springt das Bewußtsein wie ein Schmerz aus der Trassierung, aus dem Riß mit dem Differenten. Wie Schmerz ist Geist, Ingenium, ein Phänomen der Entzweiung und der Grenze, ein Grenzphänomen, eine Entzweiungseinheit.

Daß Gedächtnis Trassierung sei, ist ein Gedanke Nietzsches. Gedächtnis entsteht jenseits von Gut und Böse aus Ressentiment: Erfahrungen sind wie Strafen. Strafen werden dem

Schwachen durch den rücksichtslos Starken eingebrannt. Mit dem Brennen entsteht Leid und in der Erinnerung Angst vor dem widerfahrenen Leid. So sind Erfahrung und Angst und Leid analog. Deshalb wird von der Angst verdrängt, was sie nicht ertragen kann. Dadurch wird zugleich stabilisiert, womit verdrängt wird, die Struktur der Angst. Die verdrängenden Stabilisatoren entstehen im nachträglichen Ordnen der leidvollen Erfahrungen, sie sind die Ordnung des Erfahrenen. Das im Gedächtnis begriffene Ensemble der Angst verdichtet sich zum Gott des Ressentiments.

Gedächtnis ist die Innenseite von Erfahrung, ihr innerer Ort. Was als Erfahrung tauglich ist, hat Sinn. Gedächtnis ist der innere Ort von Sinn. In ihm ereignet sich die Dynamik der Sinngebung neu. Bedingung und Maßstab des Sinns ist der Grad seiner Erträglichkeit. Hinter dieser Fassade tobt der Erinnerungskampf. Der Kampf der Topoi bestimmt das Gedächtnis, und schon die Beschreibung des Kampfes steht unter der Herrschaft des absoluten Begriffs von Macht. Aus der Herrschaft der Erfahrung und ihrer absoluten Begriffe gibt es kein Entrinnen.

4 Träume

Die Spur, der Sinn, den die Trassierung der Erfahrung hinterläßt, indiziert selbst eine Elementargeschichte, die Elementargeschichte ursprünglichen Leidens. Aus diesem ursprünglichen Leiden entsteht der Wunsch, der bei Freud den Traum – den Ort des unverfügbaren Gedächtnisses – bestimmt: Wunsch ist die Umsetzung von Erfahrung in fiktive Handlung. Handlung zum Zweck der Macht, die wegen der leidvollen Frustration sich zum Ressentiment wandelte. So ist der »Wunsch« des Traums der Ressentiments-Wille zur Macht, ist Sublimation und Kompensation.

Träume haben ihre besondere Semantik. Die brodelnden Bedeutungs- und Begriffskämpfe werden der Ökonomie des Individuums unterworfen, im Willen zur Macht wird Unliebsames unterdrückt. Gerade dadurch wird das Unliebsame in der Unterdrückung indirekt und verformt sichtbar. Zugleich zeigt sich die Potenz der verdrängenden Erinnerungstopoi.

Traumarbeit demonstriert den Kampf des Gedächtnisses um Erinnerung. Die schließlich verfügbare Topoi-Masse des Wachseins ist nur die, die die Zensoren der Unbelastetheit, der präsumptiven Unschädlichkeit und Bekömmlichkeit passiert haben.

Allerdings: Die erlebten Topoi werden selbst mit Begriffen bearbeitet, die Funktionen der Selbsterhaltung sind. »Arbeit« oder »Inhalt« oder »Verdichtung«, »Überdetermination« sind den Trauminhalten gegenüber sekundäre Intentionen. Daraus wird ein Kategoriengerüst, eine »Theorie«; und so begründet sich auch die Erfahrung im Traum nicht selbst.

5 Gelassenheit

Der Leiermann: Und er läßt es gehen, alles wie es will –

Das Gedächtnis ist nicht allein Kampfplatz, es ist auch Locus amoenus. Sonst wäre die Herrschaft der Macht universal. Auch Loci amoeni sind Erfahrungsfelder, und ein sanfter Eindruck entzückt – das Übermaß macht Leid. Es gibt sanfte Sinneseindrücke, es gibt Erfahrungen und Begriffe, die nicht herrschen und nicht schrecken. Der Unterschied zwischen sanften und weniger sanften, gewalttätigen Erfahrungen ist der Unterschied zwischen den Erfahrungen, die wir stehen lassen können und solchen, denen gegenüber das Gedächtnis im Emanzipationskampf ist, deren es Herr werden will. Daß wir nicht Herr werden wollen über etwas – eine Neutralität im Begriffskampf – macht Gelassenheit aus: lassen, was ist.

Omnia sponte fluant, absit violentia rebus (Comenius).

Durch Gelassenheit wird philosophisch Wahrheit möglich, ohne daß die Entscheidung vorweg verlangt wird. Solche Erfahrungen von Gelassenheit ereignen sich nicht nach dem Muster einer emanzipatorischen Individualphilosophie und -psychologie, sondern sind begnadet unangestrengt und neugierig. Diese Stimmung öffnet Welt und Geschichte. So ist Erfahrung von Natur, von Geschichten und Geschichte, die lassen kann, was ist, humaner, weil erträglicher als eine wissenschaftlich bewältigende Individualpsychologie: Gelassenheit ist Ständigkeit ohne Selbstbehauptung und Bemächtigung.

6 Bedeutungsschemen

An anderer Stelle ist dasselbe nur noch schemenhaft identisch.

Gedächtnis ist nur der Schatten der Erfahrung. Nur die Species, die Sinnenschemata bleiben im Gedächtnis und werden – wenn die Ökonomie es ermöglicht – zu Begriffen. Gedächtnis ist so entsinnlichte Erfahrung, ihre Ver-Zeichnung: Registrierung und verändernde Abbildung. Gedächtnis ist auch immer Vernichtung des Ereignisses der Erfahrung. Der Schmerz der Erinnerung und die Wehmut, aber auch das Glück, entkommen zu sein, indizieren das.

Je weiter die begriffliche Verfügbarkeit des Gedächtnisses fortschreitet, über die Sinnenschemata (Species) zur reinen begrifflichen Indikation, desto mehr Sinnlichkeit, Erfahrungs- und Leidensintensität wird freigesetzt. Das ist das Material, aus dem die flottierenden, sinnengesättigten Traumsymbole sich bilden.

Schemen sind Vexieridentitäten. Vexare: erschüttern, bewegen und plagen.

Im Ver-Zeichnen entstehen Bedeutungsschemen. Mit ihnen kann das Gedächtnis Identisches und Differentes analog und vieldeutig beieinanderhalten. So allein ergibt sich die Möglichkeit, zu sagen: *Das ist es.* Analogische Vieldeutigkeit ist nicht quid pro quo.

Wäre der Sinn göttlich bestimmt, dann wäre die Seele des Topos das göttliche Wort, das das Bild, die Sprache und die Musik jedes Denkbaren zugleich enthielte.

Topik: Allgemeine Klischeekunde, allgemeine Schematakunde, allgemeine Umrißkunde von Sinnendingen, Arche- und Prototypen, allgemeine Form- und Musterkunde.

Auch unähnliche Dinge sind vom Genus der Dinge – sie haben Familienähnlichkeit. Ähnlichkeit meint: dieselben Ahnen haben. Die Etymologie zeigt, daß »Familien-Ähnlichkeit« ein Pleonasmus ist.

Auch flottierende Sinnenschemata sind nicht für alle Bedeutungen offen: Ähnlichkeiten sind nicht Beliebigkeiten; die Spur führt zum Täter.

Sensus communis ist die Voraussetzung für Locus communis. Das Zusammendenken aller Sinne, das Denken der Begriffsgegend und die Möglichkeit der Kommunikation machen den ganzen Begriff. Gemeinsamkeit, Gegend ist die Voraussetzung für die Rückassoziation, für das Erinnern.

Besser noch als das englische »remember« trifft »Mimesis« die Methode, mit der Verwandtes, Ähnliches ins Denken gebracht wird: bildende Nachahmung charakterisiert die Handlung des Erinnerns.

Topik ist Gedächtniskunst. Die Potenz des Gedächtnisses, das also, was die *Wirk*lichkeit der Gedächtnisinhalte prägt, heißt Erinnern. Erinnern hat eine merkwürdige Etymologie: Statt die Hereinnahme ins Gedächtnis anzudeuten, müßte der umgekehrte Vorgang bezeichnet werden: »Entäußern«. Der Erinnerungsprozeß ist ein Bewußtmachen durch bildende Nachahmung von Erfahrung.

Ans Vergessen kann man sich erinnern, ans Vergessene nicht.

Die Begriffsverfügung hat den Vorteil der Ordnung und der theoretischen Gelassenheit. Durch Erinnerung an Begriffs- und Klassenmerkmale läßt sich abrufen, was ohne Blockaden zur Verfügung steht. In einem so unbelasteten Gedächtnis verläuft der Prozeß der Erinnerung (= Entäußerung) gegenläufig parallel zur Erfahrung. Erfahrung und Erinnerung sind hier konvergent. Genau das geschieht in der assoziativen einbildenden Erinnerung nicht: In Assoziationen ergeben sich Möglichkeiten, die Begriffsordnungen des Gedächtnisses zu unterlaufen, die Bedeutungsschemen zueinander treiben zu lassen und zu sehen, was hinter der Ordnungsfassade brodelt. Hier liegt der Ort der Phantasie, des Sensus communis, der die Sinnenschemata miteinander kombinieren kann und mit den Schemen der Erfahrung nie Erfahrenes sich einbilden kann. Hier ist der Ort der Phantasie, der Poesie und des Wahnsinns.

8 Argumente

Im Argument werden die Erfahrungen für den Sensus communis begrifflich verfügbar und kommunikabel. Die Argumente exponieren das, was das Gedächtnis freigibt, so, wie sich der Begriff zeigt. Argumente sind, quibus hoc perficitur, ut res proposita explanetur atque demonstretur (Timpler, Logik), wodurch eine Vorlage dargestellt und klargestellt wird.

Dergestalt werden Argumente inveniert: da Begriffe das sind, was zur Verfügung steht, finden sie sich im Schatz des Gedächtnisses. Begriffe haben die Arbeit des Gedächtnisses hinter sich und liegen offen auf der Außenseite des Gedächtnisses zutage. Sie sind disponibel, sie sind kommunikabel und nicht bildend nachgeahmt. Weil sie zutage liegen, haben sie den Charakter von Evidenz. Ihre Kraft: ratio rei dubiae fidem faciens (Cicero).

Die Evidenz der Begriffe fordert Gehorsam – der Geist ist kein Herr, sondern Knecht des Arguments. Die Evidenz der Argumente ist die Garantie gemeinsamer Örter, von Loci communes, die Garantie der gemeinsamen Örter von Kommunikation. Hier ist auch der Ort des unabhängigen Dritten der Argumentation, hier ist der Ort, an dem nicht entschieden, sondern gemeinsam erfahren wird. Hier ist auch der Ort der Adiaphora, die nicht entschieden, sondern unentschieden und vorhanden benutzt werden. Das ist der Ort, an dem Wahrheit überhaupt erst möglich wird.

9 Metapher

In Metapher und Etymologie spricht es mit uns. Metaphernanalyse und Etymologien haben deshalb einen guten Grund: Man wird sich darüber klarer, wie die Sprache, mit der man umgeht, ihrerseits mit uns umgeht. Das Ergebnis: Wir begreifen unsere Perspektiven im Zugang zu Sachverhalten und Sachen, wir putzen die Brille.

Die Sinnlichkeit der Sprache ist nicht Bild von irgend etwas. Bilder der phänomenologischen Sprache – Zittern, Sprung, Entwurf – bilden nicht ab, sie sind Imagines agentes (Rhet. ad Herennium). Solche Sprachbilder agieren mit ihrer Semantik, sie bieten ein semantisches Schauspiel.

Es läßt sich präzise beschreiben, was die lebenden Bilder der Sprache den Metaphern voraus haben. Bei der Metapher »leben« beide Ebenen, je eine ist in die andere wechselseitig übersetzbar. Beim lebenden Bild lebt nur die Sinnlichkeit des Bildes und konturiert einen übersinnlichen Hintergrund. Das lebendige Bild formt die gemeinte »Sache«.

Imago agens: Im Bild erscheint der Sinn. Νέμειν – νόμος, Verteilen des Weidelandes; Justitia distributiva. Iubere – Ius, Befehl macht Recht. Rechnen – Recht – Richtung: Berechenbarkeit konstituiert Recht. Wirkende Bilder sind die Morphologie der Sache.

Etymologien sind oft verborgene Metaphern. Wenn man Glück hat, stellt sich heraus, daß Etymologie Topoi erschließt, ein Sinnfeld, auch ein Feld für sinnliche Implikationen. »Etyms« (Arno Schmidt) leuchten in der Kraft des Worts (Isidor von Sevilla) und dem Glanz des Anfangs. An Etymologien zeigt sich, daß sich mit der ursprünglichen Bedeutung eine Aura verbindet, eine Ursprünglichkeit von der Kraft eines Arguments. Was diese Aura ausmacht? Wahrscheinlich die Vorstellung, daß im »Grunde« mehr liege als in den verschiedenen Ausfaltungen des Grundes, die Vorstellung, daß der Grund die Folge impliziere – sowohl im Sinne von Entfaltung als auch im Sinne von Kausalität. Es ist die Vorstellung wie bei der göttlichen Schöpfung: Im göttlichen Wort liegt alle Schöpfung vorhergedacht, als primordialer Grund, beieinander, und Entwicklung entfaltet nur, was im Ursprung schon beieinander war.

10 Sinn

Ort ist die zentrale Metapher der Topik. In dieser Metaphorik konvergieren Raum und Sinn. Ihr gemeinsames Drittes: das Kontinuum. Für Topik gilt das Sinn-Kontinuum. Im Kontinuum, das homogen und diskret sein muß, muß sich an allen Stellen Sinn finden lassen.

Es stellt sich in einem »Kontinuum« von Sinn (analog Wittgensteins logischem Raum im Tractatus und entsprechend der Analogia entis) durch den Sinn eine Ordnung dar, die vom Geist begriffen wird: Der Geist ist selbst von dieser Ordnung; er durchdringt die Ordnung und wird von ihr durchdrungen. Sein Wesen ist ἕξις, habitus. Er wird, indem er sich wirkt. Sinn und Geist gleichen sich im Regelkreis einander an; die Änderung des je einen hat Folgen beim je andern.

Es gibt einen Horror vacui sensus. Wenn man von einem Sinnkontinuum wie von einem logischen Kontinuum ausgeht, kann es – das ist das Wesen des Kontinuums – keine Lücken geben. Sinn ist diskret und kontinuierlich, wie jedes Kontinuum. Dasselbe gilt für die Analogia entis: Wenn schon die Vernunft nur als Teil des Seins aufgefaßt ist, und das Sein selbst die Bedingung der Logik und damit selbst nicht mehr vollständig logisch ist (Kreter-Antinomie: Klasse kann nicht selbst Bedingung von Klasse sein), dann läßt sich nicht vorstellen, daß es in der Analogia entis eine Lücke geben könnte. So zeigt sich: Wie es kein Element des Raums gibt, das nicht Raum ist, so gibt es kein Element des Sinns, das nicht Sinn wäre: Sinn ist irreduzibel.

Sinnkontinuum, Topik der Grenze. Zwischen dem Identischen und dem Differenten liegt die Grenze. Um sie zu bestimmen, ist Negation erfordert. Um negieren zu können, muß etwas – die Identität – negiert werden. Damit die Negation noch denkbar ist, muß sie als Negation sinnvoll sein. So hat Position und Grenze und Negation die Topik des *Sinns*, der Analogie, der Richtung, die übergangslos, diskret, kontinuierlich ist.

Jeder einzelne Sinn ist im Kontinuum von Sinn dynamisch, er drängt in eine Richtung, häufig gegen andere Sinne; aber er ist nicht amorph: er bleibt in der Analogie bestimmbar, identisch und different. Sinn macht etwas richtig!

Hermeneutische Exhaustationsmethode. Wenn hermeneutisches Verstehen, das Verstehen des Neuen, funktioniert wie ein Regelkreis, dann setzt das das Sinnkontinuum voraus: Etwas Neues wird als Neues erfahren, weil es am Sinn orientiert ist: es bleibt das Andere und wird das Alte, indem die Erfahrung des Neuen das Alte verändert. Erfahren ist immer auch Widerfahren. Das gilt für beliebig große und kleine Erfahrungen: Der hermeneutische Zirkel und der Regelkreis von Sinn und Geist arbeiten wie die Infinitesimalrechnung, sie haben dieselben Ansprüche wie Logik und Metaphysik im Sinnkontinuum.

11 Raumzeit

Topik – Raum – Metaphorik. Ist die Zeit als innerer Leitfaden dem Raum überlegen, oder gehört die Konkurrenz von Raum, Zeit und Verzeitlichung des Raums, z. B. in der Relativitätstheorie, in den Kampf absoluter Begriffe? Anschauung und Gleichzeitigkeit steht der Phänomenologie einer Dekonstruktion des Raums am Faden der Zeit gegenüber, die sich den Raum er-fährt.

Ist Gleich-Zeitigkeit als Raumzusammenhang überhaupt denkbar, oder angesichts des Zeitkontinuums ein widerspruchsvoller Begriff? Vielleicht ist dieser Gedanke ein Indiz des Sackgassen-Absolutismus der Zeitlichkeit. Denn es ist der Terror der Zeit, die alles am Faden gereiht haben will.

Ohne daß sich etwas bewegt, gibt es keine Zeit. Aber Raum gibt es, ohne daß sich Bewegung zeigt.

Ein wichtiges Indiz für Raum und Gemeinsamkeit ist das Zusammenziehen von Lauten in einer Zeitspanne zu einem Wort mit kommunikativem Sinn: Im Wort zeigt sich die Identität des Verschiedenen wie in der musikalischen Harmonie. Die Kraft und der Glanz des Worts hält die Verschiedenheit beieinander.

Begriff als Klassengruppierung enthält alles Zugehörige zugleich.

Raum ist Metapher des Aufpustens, »Ebulitio« der Einheit in die Vielheit, das Prahlen des Punkts.

Gleichzeitigkeit/Raum ist äußerlich evident, Zeitlichkeit ist innerlich – konstruktiv – evident: Der »Raum« anstelle der »Räume« ist ein Skandalon nur für absolute Diskursivität.

Das Differential der Bewegung ist entweder Raum oder Zeit. Raumzeit zeigt eine Alternative von Topik und Historismus: Raumzeitliche Erfahrung kann nur entweder topisch oder historisch geordnet werden.

Die Zeit ist wohl nur der scheinbare Feind der Topik. Denn im Durchlaufen der analogen Sinn-Räume erfährt man diesen Raum neu für sich und erkennt, versteht je neu die Topoi und Bedeutungsschemen. Das ist der Sinn von Analogie und Vieldeutigkeit, ohne daß Vieldeutigkeit beliebig würde.

Raum setzt »gemeinsam« voraus und umgekehrt. Er wird nicht durch Bewegung konstituiert, sondern im Sinn erfahren. Raum ohne Sinn = leerer Raum ist Quatsch.

Raum ist die Gemeinsamkeit des Möglichen und Unmöglichen: Deshalb gehören Topik und Gedächtnis zusammen. Denn nur »im« Gedächtnis ist, wie die Erfahrung lehrt, das Inkompossible möglich.

Gegen die Differenz der absoluten Diskursivität und Nachzeitigkeit steht die Potentialität. Deshalb ist Gott der »Raum« des Möglichen und des Sinns; und das Gedächtnis ist Sein Abbild. Für Ihn ist Raum auch Zukunft, für uns nur Gedächtnis.

Raum-Ganzes: unser vorläufiges, d.h. vorsichtiges, d.h. provisorisches In-den-Blick-Nehmen eines Gleichzeitigen bzw. Ganzen. Das Ganze hat immer auch den Charakter des Zeitlosen. Das Ganze ist das Nachrationalisieren von Mehrerem zu einem – unter der Herrschaft der Zeit nur fiktiven – Gleichzeitigen.

12 Innen-Außen

Übergänge und Bewegung sind entweder kontinuierlich oder sprunghaft. Und was ist Umstülpung? Zugleich Kontinuum und Sprung? Denn es wird alles anders, es bleibt keine Homogeneität homogen zwischen unumgestülpt und umgestülpt. Es ist anders und doch gleich. Umstülpen ist weniger als Sprung und mehr als ein Kontinuum. Es bleibt beim Umstülpen alles es selbst, und zugleich ist das Innere nach außen gekehrt. Eine topologische Verkehrung, die als Prozeß begriffen wird.

Liegt der Begriff Raum jenseits von Metaphern, weil er die Bedingung von Metapher ist? Oder ist Raum selber nur eine Untergruppe von Kontinuität? Jedenfalls gibt es für den Raum einerseits kein draußen und drinnen. Denn draußen und drinnen ist selber nur als Raum vorstellbar. Aber andererseits gibt es etwas, was in eine Art raumlosen Raum führt, der aber ist allein innerlich vorstellbar. Es ist, wie wenn man die Vorstellung vom Punkt, der sich in den Raum und die Zeit hineinexplodiert, zur Implosion der Raumzeit in einen Punkt und dann in den Scheinraum der Innerlichkeit, auch der Phantasie, umstülpt. Dieser Innerlichkeitsraum ist topisch, nicht in kontinuierlicher Zeitlichkeit, sondern in der internen Realisation der Potenzen des Gedächtnisses. Er ist gleichzeitig, die Topoi- und Begriffsgruppen des Ganzen werden in ihm gedacht.

Ort ist innen und außen zugleich. Diese Doppelung des Orts ist die Umstülpung, gleiche und ungleiche Örtlichkeit, eben der »Ort« der Analogie.

Der »Ort« der Einbildungskraft. Gedächtnis ist Enträumlichung der Erfahrung zum Begriff. Dieser Prozeß verläuft über die Zwischenstation des Sensus communis, des Gemeinsinns, der die Schemata aller fünf Sinne vereint. So bilden sich die Gesamtschemata in einem nach innen gestülpten Erfahrungsort, räumlich und unräumlich zugleich. Von hier erst kommen die »Dinge« »ins« Gedächtnis hinein. Wenn Gedächtnis sich durch Einbildungskraft entäußernd ereignet, schematisch verräumlicht, dann reicht es nur bis zum Raum des Sensus communis, der die interne Bühne aller kompossiblen sinnlichen Schemata ist, ein Szenario für das Gesamtkunstwerk der Sinnenschemata. Hier agieren auch die semantischen Elementarmetaphern, die lebenden Bilder.

LOGISCHES/ANALOGISCHES

13 Analogisches

Über Selbstverständliches läßt sich streiten.

Sinn-Kontinuum = Metapher der Analogie.

Analogie ist wahrscheinlich kein Begriff, sondern selbst eine Hilfskonstruktion von elementar-metaphorischem Charakter, eine Art Sinn-Spiel. Ana Logia = Hinter-Wort, Über-Logik.

Analogie hat weniger den Charakter A = A (das ist es!) der Identität, sondern den von A = BA (das ist es auch!). Daß etwas »ganz genau ebenso, bloß anders« ist, das macht Ähnlichkeit aus.

Analogie ist die Familienähnlichkeit des Differenten. Muß der Begriff Analogie ersetzt werden durch Anderseinheit = Holzeisen, oder durch metaphysische Genealogien wie Wille, Leben, Kraft, Anfang? Der Sinn der Ähnlichkeit ist die Herkunft aus der ersten und letzten Gattung, die selbst nicht mehr bestimmt ist. Wo Analogie das Transzendentale jenseits der Logik ist, ist Sein analog.

Die Hyle ist die Konstruktion der Analogie in der Natur. Hier sind Sein und Nichts konvergent.

Analogie ist die logische Wendung (Version) der mystischen vor- und unbegrifflichen Einheit, deshalb ist Sein vor der Logik von Identität und Differenz analog. Darf man eigentlich »deshalb« sagen? Das setzt schon Logik voraus, die

Logik von Grund und Folge. So muß man sagen: »seyn« ist vor der Logik von Identität und Differenz, vor dem Satz vom Grunde, vor Möglichkeit und Wirklichkeit, vor dem metaphysischen Palindrom von »sein«, »nicht«, »möglich«. Und »nichts«? Nichts als »Nichtung« ist die Potenz der Subjektivität und des Bösen zugleich.

14 Ἕξις, Μέθεξις

Hexis ist Medium zwischen πάθος (passiv) und δύναμις (aktiv). (Aristoteles, Nikomachische Ethik.) Daraus folgt: Hexis ist Selbstverhältnis.

Zittern ist die Stimmung des Risikos: Im Vorbeugen zurückzucken, in der Trennung sich selbst merken, sich aufgeben und zurückfahren. Das ist zugleich die Phänomenologie des Selbstbewußtseins, Zittern zwischen Differenz und Identität. Zittern ist die Bewegung der Analogie.

Methexis entspricht der Analogia entis, die logisch nur als Teilidentität begriffen werden kann. Wenn jeder Begriff nur *eine* Bedeutung haben könnte (komplexe Begriffe ausgeschlossen sind), wäre er nicht mit einem anderen verbindbar, könnte ein Ding nicht mehrere Prädikate haben. Analogie ist die Bedingung der Komplexität der Welt.

Ohne Analogia entis gibt es keine Hierarchie, keine platonische goldene Kette der Wesen, auch keine Proportio, nicht einmal die Erkenntnis der Dinge qua talia in ihren logischen Möglichkeiten. Die Metaphysik des Seins wird in der Vielfalt und Einheit der Dinge selbst abgelesen.

15 Logik

Die Bedingungen der Logik sind analog.

Analogie: Subjekt und Prädikat sind grammatisch nur verbunden durch gegenseitige Prädizierbarkeit; gleich und ungleich sind zugleich möglich. Prädizierbarkeit bedeutet, daß etwas mit etwas anderem verbunden werden kann. Und das kann man noch lange nicht von allem sagen.

Gibt es Plätze, an denen wir aus ihnen selbst wissen, wo wir stehen? Sind es immer die anderen Plätze, die dem einen den Sinn leihen? Alles wird durchs andere sichtbar – sonst wärs ein Brei. Was ist aber dann Evidenz? Keine Selbstevidenz, sondern immer nur Vergleich. Das bedeutet: Logik funktioniert nur aufgrund von Analogie.

Logik ist situiert innerhalb des metaphysischen Palindroms Sein-Möglichkeit-Nichts. Logik gehört in die Gattung der Denk-Möglichkeit.

Absolute Begriffe müssen vereinbar sein, denn es gibt keine Begründung dafür, daß man die Kategorie der Einheit nicht auf Verschiedenes anwenden könnte. Wie aber, wenn sich das Verschiedene als widersprüchlich herausstellt?

Bei Leibnizens Logik müssen die ersten, einfachen, irreduziblen Begriffe, die sich untereinander definieren und doch keine gemeinsamen Elemente haben, in einem logisch nicht mehr beschreibbaren Verhältnis zueinander stehen: Sie müssen analog sein.

Man kann sich drei Formen von Logik vorstellen, die nach verschiedenen Maßstäben funktionieren: Kompossibilität, Bewegung, Zeit.

1. Die erste Form begreift sich als zeitlos, ihr Maßstab ist die Kompossibilität verschiedener Prädikate, ihre Wahrheit ist intuitiv, sie gehorcht dem Satz von Widerspruch.

2. Die zweite Logik ist bewegt und doch zeitlos. Ihr liegt die Spekulation zugrunde, daß im Unbegrifflichen, in Gott, intuitiv zusammengedacht werden kann, was für uns nur diskursiv nachkonstruierbar ist. In dieser Logik funktioniert die mystische Tauschformel: Weil ich dein bin, bist du mein. Der Satz des Widerspruchs ist in der Coincidentia oppositorum aufgehoben: Sein und Nichts koinzidieren. Schließlich ist die Selbstentäußerung Gottes und seine Einheit trinitarisch zeitlos konstruiert.

3. Die dritte Form kennt nur noch Nachzeitigkeit. Der Satz des Widerspruchs ist gegenstandslos, denn es gilt nur noch diskursives Denken. Es wird nur noch nach- erzählt, wie etwas geworden ist. Es gibt nur noch konkrete oder abstrakte Mustergeschichten, die Plausibilität beanspruchen. Hier liegt der Übergang von der »Logik« in die Geschichtsschreibung.

16 Unbegreifliches

Daß Analogie beides, Identität und Differenz bedingt, ist zugleich die Apologie des schematisch Undeutlichen. Die Vorstellung einer absoluten Eindeutigkeit ist undenkbar, weil sie die Bedingung des Denkens, die Trennung von Denken und Gedachtem selbst aufhebt. Das Unbegriffliche schwingt in der Begreifbarkeit alles Begrifflichen mit.
Und so ist das Begreifliche immer mit sich identisch und aufs Begreifen aus, es ist immer ein Schema, es hat immer Uneindeutigkeit an sich, es ist identisch und different. So ist es in seiner Einheit vieldeutig. Eindeutigkeitsansprüche erweisen sich als undenkbar, gerade die Vieldeutigkeit des schema-

tisch Identischen verstärkt die Möglichkeiten des Verständnisses.

Begriffe müssen funkeln. Dann zeigen sie das Eine und das Ähnliche. Dann sind sie Abglanz der mystischen Einheit, die das Differente und das Identische zugleich umfaßt und so die Vernunft in der Sprache zeigt und aufhebt. Diese vernünftige Aufhebung der Vernunft im Lichte der mystischen Einheit ist Analogie und Selbstauflösung.

Selbstverhältnis ist, daß man aus dem Unbegrifflichen ins Begrifflich-Identische hinein- und wieder herauskommt.

Mystische Erlebnisse sind nur verständlich im analogen Verstehen. Ist das derselbe Begriff von Analogie wie die Analogie des Kompossiblen? In allem Verstehen ist die Logik dergestalt analog, daß die Verschiedenheit der Einheit erhalten bleibt. In der Logik ist das Verstehen nicht bedacht, sondern nur die Kompossibilität. Aber auch Kompossibilität ist nur möglich aufgrund der Einheit von Verschiedenem, also aufgrund der Analogie. Die Steigerung der Analogie ist die Coincidentia oppositorum, die nicht nur das Verschiedene, sondern auch das Inkompossible und Widersprüchliche zu vereinen vorgibt.

Die Analogie, die die Coincidentia oppositorum umfaßt, entzieht sich prinzipiell der Logik, weil sie – etwa beim Begriff der Prädikation Gottes – alle positiven Begriffe für Ihn auch negativ fassen kann. Alle die Begriffe, die für Gott gelten, gelten auch für den Un-Begriff »seyn«.

17 Einheit

Einheit ist riskant und unentbehrlich. Die Einheit der Spannung = Analogie.

Identität des Differenten ist nicht nur Gewalt, sondern auch Versöhnung.

Die Einheit – Identität – das ist schon bei Plotin klar, ist letztlich ein mystischer Prozeß. In allen – rationalen und dialektischen – Stadien der Begrifflichkeit hat Einheit Andersheit bei sich. Denn sofern ich etwas begreife, ist immer das andere auch das andere von mir und ich das andere des anderen. Erst, wenn diese Trennung zwischen Subjekt und Objekt völlig aufgehoben ist, wenn das Denken auf sich selbst verzichtet, wird Einheit unbegrifflich anpeilbar. Sie ist nicht verfügbar und nur analog beschreibbar.

Es gibt keinen Sinn, zwischen Identität und Einem zu unterscheiden. Denn allemal zeigt sich die Semantik des Einen als dialektische Selbstaufhebung des Begriffs: Das Eine ist nur als mystische Aufhebung von jedem einzelnen im All-Einen zu erfahren. Der *Begriff* des Einen zeigt sich immer nur gemeinsam mit dem der Differenz: Dasselbe, das Non aliud (Cusanus) ist das Andere und doch das Eine.

Einheit läßt sich dynamisch denken: In Proklos' Euklid-Kommentar findet sich die Vorstellung, daß Linie und Fläche und Raum aus dem Punkt entstehen. Das ist die Bewegung der Entfaltung des ursprünglich Einen, mathematisch expliziert.

Humor, der das Einzelne in seiner Dignität, Abglanz des Einen zu sein, erheben und so Vernunft und Philosophie in ihrer begrifflichen Setzungsanmaßung vernichten will, braucht keinen begrifflichen Rahmen, sondern eine ὑπερουσία, eine Hypermetaphysik, die nicht mehr begrifflich gefaßt werden kann, sondern nur in der Intentionalität von Devotion und Vertrauen sich zeigt. Das ist gewissermaßen der ortlose Ort des Humors. Hier lacht man trotz Ironie und Vernunft.

Die Vorstellung der mystischen Identität ist nur möglich, wenn wir nicht Herr der Begriffe sind. ὑπερουσία ist als das *Eine* Heilmittel gegen transzendentale Bemächtigungsidentität und gegen den Zeit-Terror der Differenz.

Das proton Pseudos der Denunziation der Identifikation als Begriffsphilosophie ist der defizitäre Begriff von Identifikation: Im Einen löst sich auch der Betrachter auf, das Eine kann begrifflich nicht nur als »Identifikation« aktivisch begriffen werden, sondern nur als unbegriffliche Einheit von Identität und Differenz zugleich. Nur für die transzendental gefaßte Vernunft ist Einheit Machtspruch und Selbst-Konstruktion. Am Einen zeigt sich, daß Vernunft auch Lernen, daß Erfahren auch Widerfahrnis ist. Lernen geschieht als ἕξις, Habitus: Der erfahrende Beobachter ändert sich am andern.

Schemata machen in der Analogie eine undeutliche Identität möglich. Gegen Rück-Rationalisierung und pure Differenz: Es ist keine Flucht aus der Identität nötig, die unbegriffliche Einheit ist so evident wie die begrifflich-zeitliche Differenz.

Der Begriff des Einen weist den Weg zur Unbegrifflichkeit – theologisch ist das Gnade. Die Evidenz des unbegreiflich Einen ist das ohnmächtige Vereinnahmtwerden (meiner selbst) durch die Übermacht des erscheinenden Anderen.

Identität ist wesentlich Selbstauflösung im Unbegrifflichen, Hingabe ans Unbegriffliche, ans andere – Liebe. Dadurch ist Identität eben nicht Bemächtigung durch Prädizierung von »sein« oder »ist«. Gerade das Prädiziertwerden des Ich durch den Anderen, das Anrühren, die Kontingenz, Abhängigkeit, machen das Identische zum Unbegrifflichen.

18 Differenz

Spekulative Artistik: Semantische Kapriolen im Begriffszirkus.

Gegen Derrida's Differenz spricht der »Name« als bekömmliche Orientierung. Es geht gar nicht um die »Wahrheit« der Realität, sondern darum, daß ohne Realität und Identität Leben nicht möglich ist. Deshalb braucht Realität und Identität nur praktisch wahr zu sein, nie theoretisch.

Es ist der Terror der Zeit, daß sie alles am Faden gereiht haben will. Differenz ist der absolute Begriff der zeitlichen Analysen, eine Konstruktion des Denkens, das seine eigene Diskursivität absolut setzt, dem Terror der Zeit gemäß. Eine Zeichnung Paul Klees zeigt das: Flucht vor sich selbst.

Zeitlichkeit läuft der Identität hinterher: zweierlei zugleich geht deshalb nicht. Das liegt am kontinuierlichen Lauf der Zeit, am Zeit-Spezifikum, daß ihr Kontinuum unumkehrbar ist.

Der Zwang, auf Identität zu verzichten, ist wegen des Zwangs, des Sollens, selbst vom Charakter der Identität. »Es zeigt sich«, daß im Begriffspalindrom auf Identität wegen der Zeitlichkeit der Zeit nicht verzichtet werden kann: Zeit ist Kontinuum und deshalb homogen. Die Zeit bietet aber keine Sicherheit, daß sie absolut ist, daß sich alles an ihrem Faden abspult. Differenz hat auch an sich, daß sie sich in der nachträglichen Rationalisierung eben *nach* der Zeit *richtet*. Aber auch dabei bleibt Identität, nämlich die gerichtete Zeit, Maßstab der »Erkenntnis«, der Rationalisierung, die sich im Begriff Differenz vollzieht. Differenz selbst – wenn sie auf sich selbst angewendet wird – setzt Identität frei. Denn das Denken der Differenz hat den Anspruch, daß es *so* sei. Warum soll man sich von dieser Konstruktion die Intuition (die genau so sicher ist wie die Zeit) des *Das-ist-es* und des *Ich-bin-es* der Personennamen und der Logik zerstören lassen?

Permanente Denunziation der Differenz: Wer sagt: »Das ist es«, hat schon verspielt. Die permanente Andersheit ist eine Denkfalle, die aufgrund eines intuitiven Zeitbegriffs funktioniert.

Zweideutigkeit wird durch Vieldeutigkeit entschärft.

Die Rekonstruktion eines Verbrechens und das Geständnis des Verbrechers, nachdem er überführt worden ist, spricht gegen die Differenz-Konstruktion der alleinigen Nachzeitigkeit. Das zeigt jeder Krimi.

Dekonstruktion hat keine Zukunftsdimension, kein identifizierbares Schema des Möchtegern und niemanden Kundbaren, auf den die Zukunft zuträfe.

Die Philosophie der absoluten Differenz kann nicht wünschen, weil sie zwischen Wunsch und Wirklichkeit nicht unterscheiden kann. Wo alles unterschieden ist, ist nichts mehr unterscheidbar.

19 Wahrheit, Zeichen

Wahrheitstheorien sind eine Phänomenologie des Zeigens und Merkens.

Wahrheit kann Fundierungszusammenhänge meinen. Das nennt sich »systematisch« im nach-Hegelschen Sinne. Erste, möglicherweise »einleuchtende« Begriffe, die möglicherweise Voraussetzungen für spätere Begriffe sind. Ihr Wahrheitssinn: Sie zeigen sich in Einheit der Vernunft als Einheit ihrer Differenz. Nur unter dieser Bedingung gilt die Vorstellung einer Übereinstimmung von Differentem.

Wahrheit als Prozeß heißt nicht Annäherung an »eine Wahrheit«, in linken oder rechten Gotteshänden. Wahrheit als Prozeß heißt Problembewältigungsgeschichte. Sie geht nicht von Fundierung und Aufschein des Grundes aus, sondern reduziert Kohärenz aufs Historisch-Pragmatische. Und sie wertet die historische Vorgabe und deren Problempotential als Aufgabe. Die Kaltstellung – d.i. Lösung – historischer Probleme ist dann Indiz für die »Wahrheit« der Lösungen. Die Wahrheit historischer Problemlösungen zeigt sich im Verschwinden des Problems. »Die« wahre Philosophie ist dann die Liquidation des Philosophierens; die Wahrheit selbst ist dann die Beendigung der Zeit.

Nach dem allmählichen Verzicht auf »die« Wahrheit durch ihre Prozessualisierung kommt es nur noch auf die Erträglichkeit der vorkommenden Gedanken an.

Wenn am Ende dieser Prozeßwahrheit nichts steht, wenn der Prozeß selbst die Wahrheit ist, führt der Weg in den Nihilismus: »Erste« oder »letzte« Wahrheiten zeigen sich nicht, bleiben höchstens wünschbar. Das Verschwinden »der« Wahrheit ist nicht die Eintrittskarte des emanzipierten Subjekts in den Ideenhimmel, diese Emanzipation zeigt das Subjekt nur in der Situation des ewigen irdischen Wanderers. Da die menschliche Kapazität begrenzt ist, steht das Wissen nie komplett zur Verfügung. Und der Ideenhimmel ist nicht konstruierbar. Die Konstruktion des Ideenhimmels wäre von der begrenzten Kapazität der Vernunft abhängig – es wäre nicht der beglückende alte Himmel, sondern die beängstigende neue Ersatzkonstruktion. Aus dem Himmel der unbegrenzten Ideen würde die Hölle der endgültigen Beschlüsse, der selbstgemachten Utopien.

Stimmen. Was leistet eine be-stimmte philosophische Erklärung? Was will sie erklären, was will sie besser erklären? Sie zeigt etwas, was sich zeigt, ihr Anspruch ist, daß das »stimmt«. Was heißt stimmt? Die Stimmigkeit in der Differenz, in der Harmonie und Fügung, in der das Identische in seiner Selbigkeit bleibt.

»Die« Wahrheit müßte man machen. Wenn das eine gefährliche Überforderung ist, woher sollte sie kommen, wenn man sie nicht machen kann? Aus dem Unverfügbaren, das sich in Furcht und Entzücken offenbart.

Plausibel ist der Grammar of Assent entnommen. Assentire und plausus sagen nur etwas über den Erfolg des Gesagten, nicht über die Wahrheit des Wahren.

Begriffe, die den Menschen tragen, können nicht zugleich in seiner Konstitutionsgewalt liegen. Wer mit sicheren Begriffen agieren will, darf sie demnach nicht machen (setzen) können. Denn wer etwas macht, kann das, was er macht, verändern.

Die Begriffe, die Erkennen ermöglichen, Kategorien etc., können selbst Gegenstand der Erkenntnis sein. Innere Anschauung, Anschauung von innen, macht Erkenntnis nur als »meine« bewußt, konstituiert sie nicht. Nicht ist etwas, weil es gedacht ist, sondern es wird gedacht, weil es ist.

Die Bedingung der Klassifizierung des Seienden (= Kategorien) kann nicht selbst Kategorie sein, sie kann aber entdeckt werden. Das gilt natürlich auch für die Logik als Provinz des Seins. Warum Kategorialbegriffe wie Gut und Eines etwa aufeinander anwendbar sind, ist nicht begründbar. Woher kommt die Möglichkeit, noch hinter der Logik »können« und »können nicht« zu sagen, als sei das nicht selbst Logik? Führt das zum Begriffspalindrom, auf das nur »hingezeigt« (Wittgenstein) werden kann, das man sinnvoll nicht negieren kann? Ist das der Bereich, wo Personalität aufhört?

Fallenbegriffe: Zu sagen, Wahrheit ist nicht, ist Quatsch, denn damit wäre genau das die Wahrheit, daß es keine gäbe. Wahrheit ist kein Klassenmerkmal. Analog ist es mit den Skeptikern: σκέψις τοῖς σκεπτικοῖς!

Die Lehre von den Zeichen und der »blinden« Erkenntnis ist bei Leibniz mit der Einsicht in die göttliche Wahrheit schwer vermittelbar. Das liegt an der Paradoxie der Partizipation. Zwar haben wir teil – d. h. die Zeichen zeigen ihre Logik in ihrem zugehörigen Algorithmus, in ihrer Binnenordnung. Unsere Defizienz der göttlichen Erkenntnis gegenüber besteht darin, daß die Zeichen doch nur Zeichen bleiben und ihre Interpretation außerhalb ihrer Binnenstruktur uneindeutig bleibt. Und so bleibt die ganze Wahrheit, das, was sich in der geheimnisvollen Verbindung von Zeichen und Bezeichnetem zeigen könnte, eben doch verborgen. Uns bleibt nur der Jammer der puren Konnotation.

Formalitas und Zeichen sind dasselbe. Sie sind nur interne Verweise im Sinnkontinuum.

Wittgensteins semantische und grammatische Begriffe entsprechen primären und sekundären Intentionen, Begriffen und Begriffen von Begriffen.

Begrifflichkeit entsteht als Praecision, als Sinnabschnitt. Die Praecisio der Vernunft schneidet Sinn und Richtung ins Sein, teilt es so in Regionen. Praecisio präzisiert Sein. Aber was zeigt sich bei diesem Prozeß? Das, was gemacht wurde oder das, was ist? Wenn Praecisio ein Aufzeigen ist, dann kann sie nur nach-unterscheiden, was vorher vordefiniert wurde. Ihre Begriffe haben nur dann nicht den Charakter von Problemlösungsangeboten, wenn sie vorher – vor aller Zeit – im göttlichen Gedanken vordefiniert und in ihrem Sinn festgelegt worden sind. Nur dann ist Praecisio eine substantielle Aussage: Sie beschreibt etwas Definiertes von etwas Definiertem: τὶ κατά τινος.

Praecisio kann nur ein selbständiges oder unselbständiges Prädikat einer Sache prädizieren, nicht aber etwas über die Konstitution einer extramentalen Realität aussagen. Das ist dem göttlichen Willen im Übergang von Potenz zu Sein vorbehalten.

Bedeutungsplatonismus ist evident bei euklidischer Geometrie und einfachen Zahlen. (Husserl, Logische Untersuchungen II, 1)

Wenn überhaupt Begriff und Wahrheit präzise zueinander kommen, dann nur unter den Bedingungen eines philosophischen Monotheismus. Die göttliche Einheit von Güte, Können und Wollen garantiert einzig Wahrheit: Im entscheidenden Moment sprach Er, und es ward. Allein die theologische Festlegung der Identität macht Begriffe mit Wahrheitsanspruch kommunikabel.

Rollenwechsel: Unter der Bedingung, daß die monotheistische Wahrheits-Garantie abhanden kommt und die transzendentale Subjektivität sich an der Garantielast übernommen hat, wird die Rolle der Einheit des Wahren von der Analogie übernommen. An die Stelle transzendentaler Subjektivität tritt das Sinn-Kontinuum. Die kranke Subjektivität zeigt sich nur noch in ihrer Fähigkeit, negieren zu können, und in ihrer Achtung für ethisch-theologische Sekundärbegriffe.

Über mittlere Begriffe. Wenn der Satz von der Reziprozität von Begriffsumfang und Begriffsinhalt stimmt, dann kann das nur bedeuten, daß allgemeinste Begriffe nicht definieren – also begrenzen – können. Dies gilt genau aber nur für einen Begriff, das Sein. Ihm gegenüber gibt es nur mittlere Begriffe, und auch solche Begriffe mit absoluten semantischen Ansprüchen sind dem Sein – sei es das gedachte oder das empirisch vorgefundene – sekundär. Der Anspruch der gedachten »absoluten« Begriffe wie *Gutes* oder *Macht* geht auch nicht auf Definition schlechthin, sondern auf die allgemeine Orientierung des Sinns.

Ende des Zeichenbegriffs. Wenn alles Zeichen für ... ist: Die Sache selbst wird indiziert durch ihr Abbild, das Abbild durch die Begriffe der Sprache, und wodurch die Sprache? Sprache ist nur noch Zeichen für sich. Das, was sich in ihr vollzieht, ist die Empirie höherer Ordnung, die nur noch ihre eigenen Eigenschaften hat. Aber dann ist auch die Sprache die neue, unverfügbare Substanz, in der man wahrnimmt, die den Erkennenden und die Gegenstände bestimmt. Unter diesen Bedingungen konvergieren Metaphysik und Semantik. Der semantische Raum ist von anderen Begriffsfeldern und -welten nicht mehr unterscheidbar. Er enthält alle Diskurse: Logische, historische, metaphysische, ethische. Aber was allen alles ist, ist für nichts mehr spezifisch. Die Eigenständigkeit sprachanalytischer Philosophie ist in Semantik aufgelöst.

Evidenz (semantischer Raum). »Die Begründung aber, die Rechtfertigung der Evidenz kommt zu einem Ende; das Ende aber ist nicht, daß uns gewisse Sätze unmittelbar als wahr einleuchten, also eine Art Sehen unsererseits, sondern unser Handeln, welches am Grunde des Sprachspiels liegt.« (Wittgenstein, Über Gewißheit Nr. 204) »Das, woran ich festhalte, ist nicht ein Satz, sondern ein Nest von Sätzen.« (Nr. 225 ebd.) Dann wären Evidenz und Handlung dasselbe. Agere est percipi. Das kann nicht heißen: »Verum et factum convertuntur« (Vico) im Sinne einer Ermächtigungsphilosophie, nicht: Wir machen den Sinn, sondern: Evidenz ist ἕξις, Habitus. Der Evidenz liegt Analogie zugrunde, aus der der Sinn durch Differenz, durch Ver-gleichung aufscheint.

ἕξις. Es ist wahrscheinlich albern, davon zu reden, daß die Sprache mit uns redet. Möglichweise ist die Trias ἄγειν, πάσχειν, ἔχειν = ἕξις, die gegenseitige Rückbindung von Intellectus agens und possibilis ineinander, die für die Sprache bessere Beschreibungsweise. Rückkoppelung, aber keine Kybernetik mit dem Subjekt als Steuermann.

20 Sinn und Sein

Über die Koinzidenz von Sinn und Sein. Immer, wenn wir sagen, etwas »ist«, unterstellen wir die *Vorfindlichkeit* von etwas und mit ihm einen Sinn. Das, von dem wir nicht sagen können, daß es ist und was es ist, nehmen wir gar nicht wahr.

Wie unterscheiden sich Sein und Sinn? Ist »Sein« die Unterstellung, etwas sei noch vor »Sinn«?

Ist vor dem »Dies-und-das« noch ein Sein? Das ist nicht wahrscheinlich, denn hinter das »sich zeigen«, das wir, mindestens potentiell, bemerken, können wir nicht zurück. Aber weshalb gibt es dann den semantischen Unterschied von Sein und Sinn?

Ob das, was wir mit Sinn meinen, wahr ist, ist nicht wichtig. Wichtig ist, daß wir das »Sich-Zeigende« wahrnehmen können. Wahr ist nicht durch »Sein« zu ersetzen, sondern ist Sinn und Richtung von Sein. Dann wäre Sinn das, was »wirklich« ist.

Wenn Sinn und Sein konvergierten, dann gäbe es am Ende keine feststellbare Differenz zwischen Sinn und Sein. Aber vielleicht kann sich der Sinn von Sein ereignen? Wie ist das denkbar? Bei Frege (Funktion und Begriff) werden Sinn und Bedeutung schlicht vorausgesetzt, so wie die Zahl 1 nicht definiert, sondern in ihrer Bedeutung vorgefunden wird.

Aufgrund von Sinn-Kontinuität ist Zeit erfaßbar. Da Sinn etymologisch mit Richtung, fahren, erfahren zusammenhängt (Grimm), zeigt Sinn die Bedingung der Kontinuität, Bewegung. Damit zeigt Sinn auch das specificum von Raum (= umkehrbare Kontinuität) und Zeit (= unumkehrbare Kontinuität).

Zeit ist möglich wegen Sinn-Kontinuum, das gerichtete Sinn-Kontinuum macht Neues formal vorstellbar. Inhaltlich ist Neues immer irrational. Der Formalbegriff »neu« ist der alte Schlauch für die neuen Weine.

Geschichte, neben Natur Hauptbereich des Sinn-Kontinuums, ist der privilegierte Erfahrungsbereich, in dem Neues erscheinen kann. Die Natur zeigt das ewig Alte.

Sinn und Wille: Wille akzeptiert, setzt und negiert Sinn. Das ist der Sinn von Person. Nur wenn Wille sich zurücknimmt, kann sich Sein ereignen.

Wille ist Möglichkeit, Akzeptanz (Position) und Negation von Sinn: Dezision. Negation ist Privileg der Subjektivität.

21 Begriff, Ereignis

Ist Sinn das Ereignis im Sein?

Leistungsstarke Begriffe strahlen an Sinnkreuzen. Begriffe, die etwas aus sich machen, funkeln: Karfunkel, Polyfunkel, kristallisiertes Prahlen (Quirin Kuhlmann).

Es ist die Frage, ob man Begriffe vernehmen kann, wie das Ereignis, und ob sich im Begriff Ereignis vollziehen kann, eher als im absolut Unbegrifflichen. Jedenfalls ist Begriff Erinnerung an Ereignis. Auch das ist Sinn von Begriff.

Heidegger: »Ereignis« west nicht. Es schwingt in die Fugen des Seienden und macht vergehend das Seiende zum Ereignis. Das verfügbare Wesen, der Begriff, ist nur die Erinnerung ans Ereignis.

Entspricht der »Stich« (Kafka, Derrida), der Erlebens- und Erleidensmoment, dem Ereignis, in dem das Seyn in den Fugungen des Seienden und der Begrifflichkeit aufscheinend verschwindet? Das ergäbe Sinn, denn der Stich zittert wie die Nadel in einer Nähmaschine, und er ist selber nur an seinen Spuren sichtbar, so, wie das Erlebnis des Ereignisses in der nachtragenden Sinntextur des Gedächtnisses.

Hand-lung ist Metapher, aus *Hand*lung kommt Be*greifen*.

In Begriffen wird aufs Ereignis zurückgedeutet, ihr Sinn macht das Ereignis deutlich, und ermöglicht, verblassend sekundär, die erinnernde Wiederkehr des Ereignisses in der Kommunikation. Nur so kann vom Ereignis erzählt werden.

PHILOSOPHIE

Auch auf dem höchsten Thron der Welt sitzt man nur mit dem Hintern.
(Montaigne bei Jean Paul)

22 System

Die beste Definition stammt von Fichte, »Über den Begriff der Wissenschaftslehre« (1794): »Jede Wissenschaft, wenn sie nicht ein einzelner abgerissener Satz, sondern ein aus mehreren Sätzen bestehendes Ganzes seyn soll, hat *systematische Form.* Diese Form, die Bedingung des Zusammenhangs der abgeleiteten Sätze mit dem Grundsatze, und der Rechtsgrund, aus diesem Zusammenhange zu folgern, dass die ersteren nothwendig eben so gewiss seyn müssen, als der letztere, lässt in der besonderen Wissenschaft, wenn sie Einheit haben, und sich nicht mit fremden, in sie nicht gehörigen Dingen beschäftigen soll, sich eben so wenig darthun, als in ihr die Wahrheit ihres Grundsatzes dargethan werden kann, sondern wird zur Möglichkeit ihrer Form schon vorausgesetzt. Eine allgemeine Wissenschaftslehre hat also die Verbindlichkeit auf sich, für alle möglichen Wissenschaften die systematische Form zu begründen.«

Fichtes vorausgesetzte Sicherheit ist je meine. Meine Sicherheit trägt den Systemanspruch. Aus dieser systematischen Gewißheit gibt es keinen Ausweg. Wers nicht glaubt, ist einsichtslos, blind. Das ist ein Sinn der systematischen Transzendentalphilosophie.

Theologie und Dialogismus haben für die Transzendentalphilosophie einen antiwissenschaftlichen Aspekt. Sie sind antiphilosophisch, denn sie beanspruchen und können mehr, als Transzendentalphilosophie beweisen kann. Die Transzendentalphilosophie ist außerstande, zu jemandem anders, als zu dem, der in ihr philosophiert, zu kommen. Erst im überschwenglichen Hinausgehen über die Grenzen der transzendental definierten Person ist Vermittlung möglich.

Heidegger begreift die moderne Metaphysik mit Fichte vom Willen her, über die Vor-Stellung = Schöpfung aus Willen. So wird System: Das Vor-Stellen als das Entgegenstellen, der Gegensatz, der Gegenwurf. Wenn etwas vom Willen her geschieht, dann ist die Einheit von Einheit und Gegensatz, die sich im Denken zeigt, also das Gewollte, vom Willen ausgehendes Objektdenken: Der Wille will nur noch sich. System ist immer trinitarisch: Die »Tathandlung« (Fichte) wirkt als Einheit von Wille und Gewolltem.

System ist die Einheit von Objekt und Subjekt, das Erkenntnis und Herrschaft will. Das Ge-Stell des Begreifens, das absolute System, die trinitarische Selbstsetzung verstellt alle Erfahrung, alles Neue.

Die Vollendung der Metaphysik: Die Vollendung bringt die Metaphysik zuende, macht die Philosophie dicht. Setzen macht den vernehmenden Habitus, die Hexis, vergessen. Was sollte der Wille zur Macht wollen, wenn nicht sich selbst? Aber bleibt nicht trotzdem, was ist, und geht nicht alles, wie es will?

Philosophie ohne Subjekt führt auch zur Versachlichung; Philosophie wird »objektiv« und begrifflich verfügbar. Ergebnis: Ein Lexikon; – Philosophie wird Bürokratie.

Muß Philosophie bekömmlich sein? Die Erfahrung zeigt: keineswegs. Aber das heißt, daß Philosophie »oberhalb« derjenigen ist, die »in« ihr philosophieren. Philosophen sind wie der Landvermesser K. vor dem Schloß. Das Verhältnis ist bedrohlich: Fiat philosophia pereat mundus.

Begründung: Weshalb nehmen die Einzelwissenschaften die Philosophie als »Grundlage«, wenn sie das denn tun? Möglicherweise erliegen sie dem Totalitätsanspruch der Philosophie, die schlechterdings alles zu ihrem Gegenstand erklärt. Das ist der Anspruch der Metaphysik, sofern sie sich als Einheitsphilosophie begreift, die den »Grund« aller anderen Wissenschaften aufzeige; bei besonderer Vollmundigkeit sogar »lege«. Möglicherweise erliegen die Einzelwissenschaften dem institutionellen philosophischen Mundwerksburschentum. Haben die Einzelwissenschaften und Künste schon einmal von der Philosophie profitiert, oder sind sie von den Systemphilosophien nicht regelrecht zerredet worden?

Rationem reddere: Philosophie, so rational gefaßt, behandelt »ihren« Bereich nur vom »wissenschaftlichen« Begründungs- und Rechtfertigungsstandpunkt herab. Auf den Gegenstand, der derselbe sein kann wie in Kunst und Religion, kann es ihr nicht ankommen. Was nicht begründbar ist, ist kein Gegenstand dieser Philosophie: Bornierung durch Begründung.

Einheitsphilosophie führt immer zu analogischen Argumentationen; denn warum sich die Einheit in Mannigfaltigkeit, Harmonie etc. divergiert, ist selbst nicht mehr zu begreifen; inwiefern die Mannigfaltigkeit dennoch eine sein soll, ebensowenig.

Warum keine Einheitswissenschaft? Einer begrifflichen Einheit der Vernunft widerspricht die Gegenläufigkeit absoluter Begriffe: Liebe und Gerechtigkeit schließen sich aus, sind inkompossibel und doch beieinander. Man komme hier nicht mit dem Unterschied von konträr und kontradiktorisch. Was man nicht ändern kann, darüber kann man nicht verfügen, dem muß man sich fügen. Potentia absoluta steht nicht zur Verfügung, nur die Ergebnisse: Ordnung. Die Erfahrung, die wir bewältigen können, ist allemal kleiner als die Erfahrung überhaupt. Daß man den Begriff »Erfahrung überhaupt« bilden kann, macht noch nicht aus, daß er sinnvoll gefüllt wäre, daß er etwas anderes wäre als die leere Negation partikulärer Erfahrung. Deshalb ist Erfahrung, innere und äußere, redlicher als Konstruktion. Sie ist Bedingung des Neuen und deshalb zugleich Bornierungsschutz.

Identifikationsphilosophie erzwingt Entscheidungen und Bekenntnisse zu diesen Entscheidungen. Erzwingen von Bekenntnissen hat sich (Inquisition) historisch als unbekömmlich erwiesen. Identifikationsphilosophie kennt keine Adiaphora. Deshalb kann man sinnvollerweise Identifikation nicht als Aufgabe der Philosophie sehen. Wie kann es eine rational verantwortbare Wahrheit geben, die erzwungen werden sollte? Gegenüber der Philosophie hat die religiöse Offenbarung allein den Vorteil, daß ihre Wahrheit unbedingt und ihre Axiome unverfügbar, keine Adiaphora sind. Aber die Syllogismen, die im Anschluß an eine Entscheidung konstruiert werden, führen geradewegs zum Scheiterhaufen.

Ideologiekritik ist ein Musterbeispiel beschränkter Neugierde. Hier borniert sich die Methode selbst. Derlei gilt nicht nur für Ideologiekritik, sondern auch für systematische, analytische, hermeneutische Methode. Bornierung ist das Spezifische an jeder Methode. Aber: Ohne daß man weiß, wohin Wissen läuft, bleibt Philosophie orientierungslos. Hier paßt der Liberalismuskalauer: Wer nach allen Seiten offen ist, kann nicht ganz dicht sein.

Die Drohung mit dem Wahrheitsbegriff ist Symptom der Kompetenzanmaßung derjenigen, die Wahrheit nötig haben, und das sind zugleich diejenigen, die Veränderung nicht ertragen können.

23 Philosophieren

Philosophie und Philosophieren ist offensichtlich nicht dasselbe. Philosophie ist universales Kompetenzgebiet, Gemeinsamkeit aller Regionen. Philosophieren ist Theoriewettlauf, geschieht als Problemerzeugung durch Problembewältigung nach dem Muster von Innovation und Folgelast (Rainer Specht), als wandelnde Wahrheit.

Philosophieren ist begriffliches Krisenmanagement mit ungewissen Erfolgsaussichten. Unter diesen Bedingungen ist alles, was Philosophieren leistet, nur die Produktion von Philosophiegeschichte. Aber das ist schon genug.

Philosophiegeschichte ist Philosophieren unter den Bedingungen der Endlichkeit, vornehmlich der Endlichkeit der menschlichen Vernunft. Wo aber bleibt unter diesen Bedingungen der Anspruch auf Universalität? Bedeutet der Totalitäts- und Universalanspruch den Versuch, sich aus der Endlichkeit in die Zeitlosigkeit zu katapultieren? Bleibt Totalität nicht uneinlösbar und deshalb ein illegitimer Anspruch, der eben nur Anspruch ist? Denn wie sollte es endliche Totalität geben?

Man verzichtet, begreift man Philosophieren als Prozeß, nicht auf die Wahrheit; aber man lebt im Dilemma der wandelnden Wahrheit. Es zeigt sich nämlich, daß der Anspruch »der« Wahrheit prinzipiell problematisch ist, daß seine Erfüllung ungewiß bleibt. Unter den Bedingungen des Philosophierens als Prozeß ist die Wahrheitsfrage zu Problemlösungsangeboten depotenziert. Gegen die Vorstellung der Problemlösungsangebote sprechen alle Universalbegriffe, alle Begriffe von der Kennzeichnung »eigentlich sind alle«, alle Begriffe des Ganzen und der Totalität. Dieses Dilemma ist – wie das konkrete Denken des Ganzen und des Absoluten und Totalen – begrifflich nicht lösbar, es entzieht sich der verfügbaren Wissenschaftlichkeit wie das Absolute schlechthin.

Philosophiert man unter Endlichkeitsvoraussetzungen mit Problemlösungsangeboten, Akzeptanz und Plausibilität, dann gelten auch Interpretationen von Tatsachen als Begründungen, können Geschichten als Problemlösungsangebote behandelt werden: So wird die Frage nach der Theodizee mit Christologie beantwortet, mit der Geschichte Gottes in seiner fremden Welt.

Ping-Pong in philosophischen Sackgassen. Philosophie ist der Kompetenzanspruch derjenigen, die dieses Geschäft betreiben. Auch das heißt philosophische Semantik. In dieser Semantik tauchen aber immer Kategorienprobleme, Probleme von Begriffen mit zeitlosen und unbeherrschbaren Ansprüchen auf. Das ist das sperrige Instrumentarium des Philosophen, mit dem nicht nur Probleme gelöst und dadurch Folgeprobleme erzeugt werden. Die Folgeprobleme können sich als Sackgassen erweisen, in denen philosophisches Ping-Pong gespielt wird: Zeichen und Bezeichnetes, Leib und Seele, Freiheit und Notwendigkeit, Gerechtigkeit und Liebe, Sein und Schein.

Das Werkzeug und das Medium des Philosophierens: Sprache und Geist. Material: Philosophische Topoi. Geschäft: Problembewältigung. Das bedeutet: Philosophieren ist nicht identisch mit Philosophie, Problemlösungsangebote lösen

Probleme nicht in nichts auf, sondern transformieren die Topik. Das Verhältnis von Philosophie und Philosophieren ist das von Langue und Parole, von Performation, Kompetenz und Totalität. Ergebnis der Performation ist die Leistung, die sich an den Leisten des Anspruchs »der« Philosophie halten muß: Und die ist in ihrer Totalität gar nicht und deshalb nur als überkommene und evidente Ordnung der Topoi sichtbar.

Was bleibt? Ein universaler Kompetenzanspruch ist unsichtbar, so bleibt nur das Erweitern der topischen Kompetenz.

Wo Philosophie – wie das Gedächtnis – ein Reich widersprüchlicher und kompossibler Begriffe zugleich ist, ist Philosophieren die Technik, diesen Bereich, seine Strömungen und Sinne, seine Gegenläufigkeiten und Brüche zu erfahren und sie sich widerfahren zu lassen. Denn Erfahren ist immer auch Widerfahren. Ergebnis: eine philosophische Topik.

Außenwirkung des Philosophierens: Nicht den Lärm vergrößern, sondern den Kredit verbessern.

24 Philosophen

Zunft: Mundwerkerschaft. Mitglieder: Meisterdenker und Mundwerksburschen. Ideal: Philosophisches Maulheldentum. Es gibt in dieser Zunft Systemkonstrukteure, analytische Sprachbeschauer, existentielle Problemmüller, Geschichtengräber, Kanonkonservatoren und Begriffsbürokraten.

Der Kolportage-Philosoph ist der Gegenpart des Eigentlichen Autors. Der Kolporteur zitiert, für ihn ist aus anderleuts Leder gut Riemen schneiden. Für ihn geht Philosophieren immer weiter, denn es werden sich immer andere finden, die das formuliert haben, was er selber sich zu formulieren scheut. Sein Wahlspruch: Nihil novi sub sole, aber dies ständig neu. Der Eigentliche Autor ist der Autor schlechthin, er schafft die Welt neu. Er ist die Überbietung des Schulmeisterleins Wuz, das alle großen Bücher für sich selbst neu schrieb. Der Eigentliche Autor schafft sein Fach aus dem Nichts. Er ist der Schreiber, der nie gelesen hat, der souveräne Lektüreverächter. So schreibt er das Buch, dessen Wahrheit endlich alle anderen Bücher überflüssig machen wird. Diese Endgültigkeit setzt die Philosophie so fest, daß sie sich weder regen noch bewegen kann.

Der Fühler: Dem Leidenden ist alles Leiden; dem Hypochonder ist alles Krankheit. Wem Leiden omnia in omnibus ist, dem ist Philosophie sublimiertes Leid. Schließlich weiß sich Philosophie fürs Ganze zuständig und beansprucht deshalb auch die »Identität« des Philosophen. Der ist auch von Amts wegen zur Identität – Redlichkeit – verpflichtet, und so wird Philosophie hauptamtlich sublimierte Professoren-Hypochondrie: Sensibilitätsgejängel.

Der Invertit, mit schwarzem Rollkragenpullover, residiert im Existentialismus. Seine Emphase zeugt seine Existenz und bringt die »Eigentlichkeit« des Invertiten zur selbstmörderischen und ausweglosen Rotation um sich selbst. Seine Melancholie ist auto-komposite Subjektivität, vernehmungsunfähig und deshalb ohne Ausweg.

Loths Weib: Die Mode-Kassandra ist die Lebensgefährtin des Après-guerre-Exilanten. Sie ist die rückwärtsgewandte Sibylle, die unentwegt ins Unheil hinter ihr starrt. Sie brütet, eine schwarz versteinerte Salzsäule, in sich hinein, unfähig, auch nur den Kopf zu wenden.

Der allzeit kritische Denunziant: Wer *einen* Standpunkt hat, hat einen entsprechend begrenzten Horizont. Die bornierte Arroganz der ideologiekritischen Besserwisserei, die einen Standpunkt hat, muß notwendig alle unbekannten Gegenden als zugleich böse und falsch einschätzen. So werden Ketzer auch aus denen gemacht, die von ihrer Ketzerei nichts wissen.

Der betroffene Besserwisser : Die Minima Moralia zeigen Exilressentiments als Einsichten. Es ist Ressentiment des Exulanten den Siegern – oder Daheimgebliebenen – gegenüber, das bei den Spätgekommenen auf Mitleid und Imitatio irae rechnet. Dem schwachen Exulanten bleibt nur der Abschein des verlorenen Guten, die Verblendung. Das weckt Mitleid und Wut auf die, die das Gute verschütteten. Der Erfolg dieses Arguments ist durch seine Struktur stabilisiert und garantiert: Gibt es eine Resonanz, spricht das für die Wahrheit der These vom unterdrückten *Guten*. Gibt es keine Resonanz, spricht es für die Macht der *Unterdrückung*. Adornos Ideologiekritik ist deshalb philosophische Gnosis: Immer zeigt sich das Gegenteil dessen, das sich zu zeigen scheint. Es zeigt sich immer Wahrheit und Unwahrheit zugleich, und es gibt nur einen, der die Kompetenz hat, beide zu identifizieren. So beglückt den Leser nur die Nachfolge Adornos.

Im Positionswechsel liegt der Orientierungs-Vorteil der skeptisch beweglichen (häufig schwarzen) Spottdrosseln gegenüber den Rotkehlchen.

Es gibt den bösen Blick in der Philosophie, den Intellektual-Sadismus der »Realisten« und Erklärer. Diese geschichtsgeschädigten Realisten besinnt der Pessimismus, der geschichtsphilosophische Todestrieb. Entgegengesetzt: Die rosarote Brille, das Möchtegern und der »Kitsch« der Erlösungs-Theologie. Im Möchtegern hilft das Gebet der Pfarrersfrau gegen die Zumutungen des Darwinismus: Gib, Gott, daß es nicht so ist, wie Darwin beschreibt, und wenn es so ist, gib, daß man's nicht merkt.

Werbung für Philosophen: Wer im philosophischen Teich gebadet hat, ist mit vielen Wassern gewaschen; das ist zugleich ein Plädoyer für eine variable philosophische Topik. Nur: »Findigkeit ist karge Klugheit«. (La Rochefoucauld)

Dümpeln im Meer der literarischen und philosophischen Topik. Blumenberg verkennt die mächtigen Strömungen und den Sog der Topologien: Ihre Ausrichtung, ihr Sinn , läßt sich nicht auf humane Kultur-Bekömmlichkeit reduzieren. Theologie hat nun einmal ihren Sinn »ad maiorem Dei gloriam« gerichtet, und Vernunft ist – ebenso wie Philosophie – weder nur human noch auch bekömmlich.

Standfestigkeit ist kein Privileg der Systematiker. Nicht der Wille zum System macht die lebendige Sicherheit aus, sondern Gehorsam gegenüber Begriffen. In diesem Gehorsam besteht die Stabilitas loci des Topikers.

Den Topiker leitet der Geist der Invention: velox und agilis, nicht ölig und nicht hüftsteif. Es ist eher der Geist des Igels als der des Hasen. Wegen dieser Verwandtschaft des Topikers mit dem Rhetor besteht die Gefahr, daß alle Rhetorik-Vorurteile aufs topische Philosophieren übertragen werden. Aber Topik zerbricht keine Systeme, Topik macht Systematik gelenkig.

Der Kummer des Topikers: Es geht ihm wie dem ewigen Juden. Wohin man kommt, er war immer schon da und ist gerade weg. Er ist überall gewesen und deshalb nirgends zuhause.

Die Universität ist eine der Institutionen, in der Autismus die Bedeutung des Intellektuellen steigert.

Der Intellektuelle, man weiß es von ihm selbst, ist ein unzuverlässiges Wesen. Zum Anzetteln von Revolutionen nicht ungeeignet, hält er die blutigen im allgemeinen nicht durch. Die Intellektuellen, die das doch schaffen, haben den Hang zum Totalitären. Das mag an der stabilen Selbstbezüglichkeit des gewollten Systems liegen. Wenn die Wahrheit im Willen liegt, wenn das, was man setzt, die Wahrheit des Systems ist, dann bleibt der Wille zur Setzung der Garant der Wahrheit und das Indiz politischen Totalitarismus. – Wahrscheinlich sind das die Spätfolgen Fichtes.

ABSOLUTE BEGRIFFE

Hier sitzen die, die hier immer sitzen.
(Stammtischspruch)

25 Urbegriffe

»Die« Metaphysik gibt es nicht. Wer könnte sie sich in ihrer Gesamtheit definieren? Schließlich ist der Begriff »Gesamtheit« eines ihrer Elemente. Aber es gibt eindrucksvoll evidente metaphysische Begriffe. Auch eine Evidenz ist aber nur durch die Funktion, durch die Spur, durch die Wirkung sichtbar: so wird Struktur.

Welche Begriffe bedeuten nur sich selbst? Sekundäre Intentionen, reflexive, selbstbezügliche Begriffe? Keine. Noch in der Selbst-Differenz der Konstitution Gottes verdankt sich die Denkbarkeit des Begriffs der Einheit der Differenz.

»Begriff«, vielleicht *der* Urbegriff?

Palindrom metaphysischer Urbegriffe: Sein, Nichts, Mögliches.

Unterschied, Universalität, Absolutheit. Universalbegriffe (All- und Eins-Begriffe) sind keine absoluten Begriffe, es sind Konstitutionsbegriffe des Raums der Analogie. Absolute Begriffe beanspruchen ein Interpretations-Monopol in semantisch konkreterer Hinsicht.

Das Mögliche ist denkbar als das Widerspruchsfreie, das, was zwei Begriffe als einen faßt: Drei Seiten und drei Winkel sind als Einheit denkbar, kompossibel. Ein solches »Gedanken-Ding« ist, wenn es möglich ist, auch notwendig. Das Mögliche ist auch denkbar als der Übergang vom Gedanken-Ding in die äußere *Wirk*lichkeit: So kommt ein Plan zur Ver*wirk*lichung. Der Gedanke wird zur äußeren »Realität«. Beidemal geschieht ein Sprung: im ersten Fall von der Getrenntheit der Elemente zu ihrer Einheit, im zweiten Fall von der mentalen zur extramentalen Existenz.

»Nichts« ist nur denkbar als die Verneinung dessen, was ist. Das, was ist, ist nicht gesetzt, sondern vorgefunden – das gilt auch für die mentale Existenz. Deren Kraft besteht darin, sich dem mental oder extramental Vorgefundenen zu verweigern: Das ist die Kraft der Negation, des Willens zum Anders-Machen, der die Negation einschließt; das ist das Wesen von Person.

Ordnung ist ein kategorialer Begriff, Struktur ist die Metapher der Ordnung. Ordnung, Sinn, Identität und Differenz sind ein begriffliches Palindrom, das zugleich Voraussetzung für Begrifflichkeit ist. Diese Begriffe liegen den Kategorialbegriffen, den Ordnungsbegriffen und den absoluten Begriffen zugrunde.

Der Begriff Zeit zerstört im selben Zug den kategorialen Begriff der Ordnung, indem er »Gleich-zeitigkeit« als Denkgrenze diskursiven – d.h. bewegendbewegten – Denkens erfährt.

Wesen ist Was-heit, Wesen ist der vollständige Begriff der Gemeinsamkeit verschiedener Prädikate, alles mögliche Sein einer Einheit in sich enthaltend. Seine Logik ist Kompossibilität.

Wesen: »Essentia non recipit magis et minus.« »Essentiae rerum indivisibiles instar numerorum.«

Was sind *absolute Begriffe*? Es sind die Begriffe, ohne die man für die Strukturierung semantischer Räume nicht auskommt. Für die Strukturierung semantischer Räume beanspruchen sie ein Monopol. Sie unterscheiden sich von konstitutiven *Kategorialbegriffen* und von *Ordnungsbegriffen*.

26 Kategorien

Konstitutiv- und Kategorialbegriffe heißen einer aristotelischen Tradition zufolge »Passiones entis«; das, was Sein im Bezug auf seine körperliche Substanz bestimmt : – τὸ τὶ ἦν εἶναι – Wesen = Das-Ist-und-War (Metaphysik A, 982 a 25), ist *der* Kategorialbegriff im Sinne des Aristoteles. Vom Wesen her werden die Prädikamente, die Kategorien bestimmt: τὶ κατά τινος.

Die nachhaltigste ist die Aristotelische Kategorientafel.
– Quantitas ποσόν (auch: Metaphysik Δ *13)*
– Qualitas ποιόν (auch: Met. Δ *14)*
– Relatio πρός τι (auch: Met. Δ *15)*
– Habitus ἕξις (nicht so in der Kategorienschrift, wird gebraucht in Kat. 6 als Teil des πρός τι, in 8 b 29: als etwas wie z. B. ἐπιστῆμαι καὶ αἱ ἀρεταί; vor allem beschrieben in Met. Δ *20:* zwischen bewegen und bewegt werden; τρόπον οἷον ἐνέργειά τις τοῦ ἔχοντος καὶ ἐχομένου, ὥσπερ πρᾶξίς τις καὶ κίνησις (ὅταν γὰρ τὸ μὲν ποιῇ τὸ δὲ ποιῆται, ἔστι μεταξὺ ...), so richtig ist Habitus keine Kategorie, sondern nur im Bezug auf den Geist.
– Quando ποτέ
– ubi πού
– situs κεῖσται
– actio ποιεῖν
– passio πάσχειν.

Dem entsprechen in gewisser Weise Kants überordentliche Kategoriengruppen: Quantität (Einheit, Vielheit, Allheit), Qualität (Realität, Negation, Limitation), Relation (Inhärenz und Subsistenz, Kausalität und Dependenz, Gemeinschaft) und Modalität (Möglichkeit-Unmöglichkeit, Dasein-Nichtsein, Notwendigkeit-Zufälligkeit). Die Schwierigkeit bei Kant besteht in der Klassifizierung seiner Kategoriengruppen, die bewirkt, daß in seiner Kategorientafel dieselben Begriffe mehrfach auftauchen, das gilt für »Realität« und »Dasein«, die sich offensichtlich semantisch weitgehend decken. Für Kategorien, Konstitutivbegriffe der Vernunft, ist das eine unverständliche Doppelung. Wieso Einheit und Allheit allein Quantitätskategorien sein sollen, wo doch die Frage der Integrität und des Ganzen der Qualität zugehört und nur am Rande auch noch ein quantitatives Moment hat, ist undeutlich. Es leuchtet auch nur schwer ein, was Relation, Negation und Limitation mit der Qualität, mit dem Wesen einer Sache zu tun haben. Wieso die Qualitätsgruppe Realität und Negation enthält, und wie deren Verhältnis zur Kategorie Dasein-Nichtsein in der Modalitätsklasse aussieht, bleibt im Kern ungeklärt, zumal die Schwierigkeit besteht, daß »Sein«, »kein reales Prädikat« für Kant, in Bezug auf Realität, Dasein, Nichtsein und Negation unbehandelt bleibt. Nein, die Klassifizierung von Begriffen, die aller Klassifizierung zugrunde liegen, ist überflüssig. Die rhapsodische Behandlung des Palindroms der Kategorien wäre ihnen und ihrer Logik wahrscheinlich besser bekommen, und der Vernunftkritik hätte sie nicht geschadet.

27 Ordnungsbegriffe

Ordnungsbegriffe (Muster: Agricola, Ramus) sind disziplinäre Gruppierungskategorien von Topoi, nicht nach dem Muster τὶ κατά τινος, sondern τὶ σύν τινι. Diese Ordnungsbegriffe ruhen schon auf einer metaphysischen Ordnung. Diese Art von Gruppen- und Topoibildung setzt immer schon Gleichartigkeit voraus. Diese Gleichheit (die ramistische Homogeneität) macht die Verbindung in Sinnbereichen möglich. Ihre Homogeneität ist ihre Erfahrbarkeit in Natur und Geschichte, die als topischer Lernstoff aufgefaßt wird. Topoi sind die Erfahrungen aus erster, zweiter und göttlicher Hand, aus den drei Büchern der Natur, die alle irgendwie sinn- und sprachförmig vorausgesetzt werden.

Die Gruppierung erfolgt nach den Wissensfeldern – und die sind selbst wieder historisch, d.i. institutionell und disziplinär, wo es um Wissensdisposition und Enzyklopädie geht, also ums Theatrum rerum bzw. ums Buch der Erfahrung, der Geschichte oder der Offenbarung. Sie können auch nach anderen externen Zielen geordnet werden, so für rhetorische oder poetische Zwecke. Ihre Disposition hat den Charakter, in Ordnung und damit verfügbar zu halten. Es ist die Ordnung der Enzyklopädie.

Die Leitbegriffe der Enzyklopädie entsprechen wohl den Ockhamschen Notiones secundae impositionis. Ordnungsbegriffe – wie «Disziplin« – bezeichnen Wortgruppen etc. und sind secundae impositiones, quae significant signa et nomina.

28 Absolute Begriffe

Absolute Begriffe haben etwas von moralischen Kategorien an sich: Sie stellen, ebenso wie moralische Kategorien, Ansprüche; vergleichbar dem Zentralbegriff der Moral, dem Guten. Absolute Begriffe »stammen« aus den absoluten göttlichen Prädikaten, sie sind diesen Prädikaten analog. Es sind die Leitbegriffe, die den Geist im Feld topischer Erfahrungen leiten und irreleiten, geistige Orientierungen mit absolutem semantischem Anspruch. In der Kategorientafel des Raimundus Lullus, seinem »Alphabetum cogitationum humanarum«, das an Dionysios Areopagitas »Göttlichen Namen« gewonnen ist, umfassen sie: Bonitas, Magnitudo, Potestas, Sapientia, Virtus (aus der Gruppe der absoluten Prädikate), Iustitia und Pietas (= entäußernde Liebe) aus der Gruppe der moralischen Virtutes.

Absolute Begriffe zeichnen sich durch den Anspruch auf ein Interpretationsmonopol, durch den Anspruch auf nachträglich gefundene Sinngebung aus. Sie haben den Charakter der Ex-post-Rationalisierung.

Absolute Begriffe sind semantische Points de vue, Erkenntnis – Perspektiven – Topoi von Weltanschauungen, die durch Begriffe wie »Macht« oder »Reichtum« ihre Umgebung auf sich ausrichten, sozusagen formieren. Sie sind Interpretationsbegriffe eines semantischen Kontinuums.

Absolute Begriffe definieren Sinn-Bündelungen und deshalb Wissenschaften. Sie konstituieren Disziplinen und strukturieren sie, mit der Folge, daß ihre Logik eine interne Institutionentheorie generiert.

Die Semantik absoluter Begriffe ist die interne Logik ihrer wissenschaftlichen Kompetenzbereiche und ihrer Diskurse. Absolute Begriffe orientieren mit ihrem Interpretationsmonopol alle anderen Begriffe, ordnen sie sich unter. Das Anbequemen von anderen Begriffen an absolute Begriffe bedeutet verändernde Unterordnung, nicht Vernichtung der untergeordneten Begriffe. Auch unter der Bedingung der Macht ist Ethik denkbar, aber nur als Funktion von Politik.

Unmöglich, die Anzahl absoluter Begriffe zu bestimmen. Das wäre das All aller ihrer All-Ansprüche, das Interpretationsmonopol aller Interpretationsmonopole. Wer und was könnte derlei definieren und wie?

Absolute Begriffe: Ethik, Gut, Politik-Macht, Vernunft-transzendental, Zeit-Anfang-Geschichte-Freiheit, Gesellschaft, Ökonomie, Gott, Anthropologie, Geist-Materie. Ihr gemeinsames Kennzeichen: der semantische Ex-post-Interpretationsanspruch »*Eigentlich ist alles ...*«

29 Kampf absoluter Begriffe

Kontinuum: Im Sinn-Kontinuum darf es keinen sinnlosen Bereich geben, es herrscht Rationalisierungszwang, semantischer Horror vacui. Absolute Begriffe sind Feldherrnhügel im Interpretationskampf.

Absolute Begriffe haben stets nur Absolutheits*anspruch*. Sie sind nicht in der Lage, alles ohne Rest, nach ihrer Semantik und Logik zu ordnen; aber der Anspruch »*eigentlich ist alles ...*« bleibt. Das gilt etwa für den Kampf Metaphysik versus Historie: Weder scheint die Metaphysik die Historie mit dem Anspruch auf schlechthinnige Veränderung aufsaugen zu können noch geht es umgekehrt. Vielleicht liegt darin ein Indiz der Begrenztheit der Vernunft, gewiß liegt darin die Bedingung für den Kampf der absoluten Begriffe.

Die Antinomie absoluter Begriffe entsteht aus der Konkurrenz der Interpretationsmonopole, der Gegenläufigkeit ihrer Sinne.

Absolute Begriffe entstehen aus göttlichen Prädikaten. Ihre Absolutheit ist der Abglanz ihrer Herkunft und die Bedingung ihres Konflikts.

Wenn ὑπερουσία und Coincidentia oppositorum keinen Träger mehr haben, bleibt nur die Opposition absoluter Begriffe und ihr Kampf im Gedächtnis.

Das Verhältnis absoluter Begriffe zueinander ist ein Oszillationsverhältnis: Jeder absorbiert den anderen und wird zugleich von ihm zurückgestoßen. Kein Götterkampf um Vernichtung, sondern Kampf um begriffliche Hegemonie.

Wenn man sagt, »*eigentlich ist alles* ...« dann schließt das die Tendenz zum Verbot der Adiaphora ein. Absolute Begriffe dulden keine Adiaphora. Absolute Begriffe sind unentbehrlich und in ihrem Anspruch zugleich, wegen der Folgen fürs praktische Leben, unerträglich.

Der Kampf absoluter Begriffe läßt nur Beobachtungen im Kraftfeld dieser Begriffe zu, einen Standpunkt jenseits dieser Begriffe gibt es nicht. Hinter absoluten Begriffen gibt es keine Adiaphora, keine Indifferenz, keine Wahrheit. Deshalb kann nicht ruhig diskursiv *über* das geschrieben werden, was man aus der Ferne theoretisch sieht, sondern nur bruchstück- und sprunghaft in dem, was man genormt wahrnimmt.

Wegen ihres Souveränitätsanspruchs neigen absolute Begriffe zum Manichäismus. Aber der ist nur Ausdruck ihres Kampfes untereinander. Das je andere ist das Falsche oder das Böse. Zwei Souveräne kann es nicht friedlich nebeneinander geben. Der Wille und der Geist müssen, weil es keine Neutralität, keine Wahrheit jenseits absoluter Begriffe gibt, deshalb entscheiden.

Wie die Frage danach, was ist, wenn Sprache eine Geschichte hat, nur sprachlich formuliert werden kann, also voraussetzt, was sie in Frage stellt, so geht es in der Logik absoluter Begriffe: Sie lassen sich nicht in Frage stellen, sondern müssen in ihrem semantischen Absolutismus konstatiert und ernstgenommen werden: Für die Politik wird alles politisch, für die Geschichte alles historisch, für die Zeit alles veränderlich, für das Ich alles Freiheit.

Absolute Begriffe sind Zensurbegriffe fürs Gedächtnis, weil sie absolute Orientierungskompetenz vorgeben und gegenläufige Erfahrungen verdrängen und sich unterordnen.

Das Ergebnis gegenläufiger Sinne absoluter Begriffe: Ein Absolutismus ihrer spezifischen Relativismen.

Perspektiven, die von absoluten Begriffen her universal sich zeigen, diese Perspektiven, Durchblicke von Points de vue sind nie allein aus Entscheidung und Dezision gewählt, sondern Entscheidung, Urteil und Dezision sind stimmungsabhängig.

30 Bekehrung und Verrat

Absolute Begriffe: Die Unvereinbarkeit göttlicher Prädikate wird in der Kabbala und bei Böhme zur Erklärung des Bösen benutzt, bei Max Weber führt sie zum Götterkampf. Absolute Begriffe sind keine unverbindlichen Intellektualismen, sondern die gefährlichen Orientierungen des Handelns. Ihre Gefahr besteht in ihrer Gegenläufigkeit und darin, daß sie keine Adiaphora dulden.

Absolute Begriffe machen semantische Kapriolen, sie sind eine topische Spielwiese für die Seele. In diesem Spiel gibt es keine Unverbindlichkeiten, es geht um den Einsatz von Sinn überhaupt.

Bestehen Todsünden darin, daß absolute Begriffe – Macht, Reichtum, Liebe etc. – in ihrem Absolutismus gelebt werden und andere »Werte« auflösen? Dann sind absolute Begriffe der Grund für die Tyrannei der Werte, denen alles geopfert wird.

Todsünde und Tragödie: das dumpfe Brüten über Absolutismen.

Selbstbetrug ist der Vorwurf, der im Kampf absoluter Begriffe von einer Position gegen die jeweils andere erhoben wird. Psychologisch fühlt sich jeder auf seinem absoluten Begriffsstandpunkt sicher »in der Wahrheit«. Der Kampf der Begriffe gegeneinander ist unvermittelbar. Vom einen Begriff zum andern gibt es nur die Be-kehrung, die Umkehrung der allgemeinen Sinnorientierung von einem absoluten Begriff auf den andern.

Der Vorwurf des Selbstbetrugs und die Ideologiekritik wachsen auf einem Holz: auf dem Stamm der absoluten Begriffe. Selbstbetrug ist die seelische Version der Ideologie.

Die Einzelherrschaft absoluter Begriffe führt zur Hegemonie der Oppositionswissenschaft: Motto: Im Widerstand (gegen andere absolute Begriffe) ist Heil. Begriffsabsolutismus im Gesinnungskrieg fördert ideologische Ideologiekritik.

Absolute Begriffe sind absolute Herrscher ihrer Topologie. Sie fordern absoluten Gehorsam in der Logik ihres Diskurses. Eine Veränderung ist nur durch Verrat am Diskurs möglich. Der neue Diskurs ist die Heimat der Bekehrten, der alte Diskurs wird zur Topologie des Selbstbetrugs.

31 Freiheit

Ob Freiheit ein absoluter Begriff ist?
Freiheit hat das Moment der Souveränität. Da Setzen mit Folgen verbunden ist, setzt sich der Setzende im Setzen Grenzen. Die Folge: Um frei zu sein, muß er sie verändern, also ist Souveränität nur im Moment des Setzens bzw. Umsetzens als Freiheit möglich.

1. Moment: Freiheit ist entweder konstitutiv oder, wenn eine Konstitution vorhanden ist, revolutionär. Formal: willentliches Veränderungsmoment.

2. Freiheit ist selbst-herrlich. Das ist selbstbezüglich und das ist radikal: Ohne Bezug nach außen, reflexiv, sich selbst wollend, um durch nichts als sich selbst bestimmt zu werden. Das ist die Freiheit der Revolte, des Selbstmords, des Selbstbezuges. Ist das das schlechthin Böse? Oder ist Widerstand das schlechthin Gute, weil im radikalen Sinn das allein Humane?

3. Freiheit als Ordnungsveränderung; Wahlfreiheit ist Moment des Ziel-Aussuchens, Causa finalis, Zielkonflikt bzw. Ordnungsmöglichkeit, Freiheit durch Vielfalt von Möglichkeiten (Leibniz). Das schwache Moment der Freiheit ist die Wahl; das schwächste freiwilliger Gehorsam.

4. Der wichtigste Gegenbegriff gegen die Freiheit ist die vernehmende, die phänomenologisch beschreibende Vernunft. Während Freiheit Entscheidung und Veränderung ist, kennt die Vernehmen beschreibende Vernunft nur das Nachhinein. Sie kann die Frage nach Bekehrung und Selbstbetrug nicht beantworten. Sie sieht nicht die Not der Entzweiung in der Freiheit. Die Freiheit zerschellt an der Vernunft und die Vernunft an der Freiheit.

Fichte: »Ein Akt des Geistes, dessen wir uns als eines solchen bewußt werden, heißt Freiheit. Ein Akt ohne Bewußtsein des Handelns, bloße Spontaneität«. Das ist zugleich Kraft und Anfang – physiologisch: Sexualität.

32 Der Anfang und das Neue

Der verfügbare Begriff des Neuen ist nur der alte Schlauch, in den die neue Erfahrung gegossen wird.

Nicht, was muß, was eintritt, hat absolute Notwendigkeit. Die absolute Notwendigkeit ist unberechenbar, faktisch, neu.

Das radikal Neue, schlechterdings Unerhörte, ist im logischen Sinne nicht konstruierbar, sondern nur historisch erfaßbar. Die Bedingung der Wahrnehmung der Möglichkeit des Neuen ist das Neu-Arrangement von alten Topoi zur Problembewältigung. Das Neue zeigt sich im Glücks- und Unglücksfalle.

Das absolut Neue ist schlechterdings irrational. Das Neue ist das Phänomen der Zeit.

Was ist die Veränderung der Veränderung? Der Stillstand. Und was soll dieses Hüpfen? Es gibt anscheinend Begriffe, die einander in einer Hüpflogik zugeordnet sind. Diese Dialektik macht es möglich, absolute Begriffe zu denken.

Wenn man das schlechthin Neue nicht wahrnehmen will, wird es in den Rahmen des ewig Alten integriert. Das historistische »Kenne-ich schon« signalisiert Angst und Borniertheit.

Im Anfang kommen Zeit und Zeitlosigkeit zusammen. Der Anfang ist die Berührung von Zeit und Ewigkeit, in der alles auf einen Punkt zusammenschmilzt.

Unhintergehbar und Anfang: Das Unhintergehbare muß nicht das sein, wo der Geist sich beruhigt. Bei Axiomen, Identitäten, beim Selbst-Verständlichen beruhigt er sich. Das Unhintergehbare müßte sich über die eigenen Grenzen hinauslehnen, sich zugleich aus dem Anderen des Unhintergehbaren besehen: als Anfang. Dazu müssen noch die Selbstverständlichkeiten, z. B. 2 x 2 = 4, negiert werden: erst durch dieses Experiment kann man den Anfang des Unhintergehbaren besehen. Das Absurde ist dann die Bedingung – der Hintergrund – des Selbstverständlichen.

Anfang: Man kann zwar sagen, man dürfe nicht mit dem Anfang argumentieren, aber das erhöht den Reiz der Anfangsfrage nur. Die Bewältigung des Anfangs ist möglicherweise identisch mit Rationalität: Es ist die Bedingung der Rationalität, die, sich selbst denkend, sich als trinitarische Einheit ins Immer-schon katapultiert. Denn das Sich-selbst-Denken hat nichts mehr vor sich.

Über den Anfang: A1 = A2. Von A1 geht die Richtung auf A2, indem sich A verdoppelt, und so ist A1 der Beginn diskursiven Denkens, sofern daraus Reflexion wird. Wird aus dem Anfang keine Reflexion, so wird daraus eine Spontaneitätenfolge, wahrscheinlich Zeit oder Leben?

Entzweiung und Anfang. 'Αρχή und Anfang. Die Dialektik der 'Αρχή: Das zarte Pflänzchen des Anfangs wird zum allherrschend entzweienden Werden in der Zeit.

Mit Anfang kommt Zeit – spekulativ noch »vor« dem Denken – ordo essendi vor ordo cognoscendi. Der Anfang ist nicht Denken, weil notwendig nicht reflexiv. Wenn Wille und Denken erst Gegebenheiten sind, dann ist der Wille vor der Reflexion und mit dem Willen wird die Zeit.

Was anfangen kann, kann auch aufhören? Nur unter der Herrschaft der Zeit.

ANFANG IMMER ENDE IMMER

33 Zeit

Zeit ist der evident destruktivste aller absoluten Begriffe. Zeit zerstört Begrifflichkeit, denn – husch – ist die Identität des Augenblicks, die Identität des Behaltens in infinitesimale Differenzen aufgelöst.

Gleichzeitigkeit ist nicht denkbar, sondern nur anschaubar.

Zeit ist das Differential der Bewegung.

Kann der Begriff Zeit auf sich selber angewandt werden? Ist Denken der Zeit selber zeitlich?

Schelling, System des transzendentalen Idealismus: Substanz = fixierte Zeit.

Die Modalform der Zeit ist die Realität. Diejenigen Dinge, die immer da sind, wie die Gegenstände der Mathematik, haben keinen Zeitindex. Sie sind dadurch definiert, daß sie möglich sind, aber nicht kontingent. Alles das, was kompossibel im apriorischen Sinne ist, hat keine Zeitdimension. Dasselbe gilt analog fürs Unmögliche.

Daß Mathematik – wie möglicherweise auch andere »Werte« – keinen sinnvollen Zeitindex hat, hängt mit der Hauptfunktion von Zeit zusammen, daß Zeit »individuierend« ist. Was für alles Mögliche gilt, gilt für alles Wirkliche. Was aber für ein kontingentes Einzelnes gilt, muß anscheinend nicht für alles Mögliche gelten: Das ist auch der Sinn des Neuen.

Diskursivität bildet Zeit = Folge zwar ab, macht sie aber nicht. Worin besteht der Unterschied zwischen diskursivem Denken und Erzählungen? Bei Diskursivität werden gleichzeitige, »intuitiv« gedachte Verhältnisse als Folgeverhältnisse dargestellt. Für Geschichten jedweder Provenienz gilt das eben nicht, sie haben Zeit als die Folge von Unvereinbarem schon in ihrer Form.

Ist Zeit ein Zustand der Pathologie oder Machtausübungskompetenzbereich?

34 Geschichte

Geschichte als absoluter Begriff hat die Dialektik des Absoluten an sich, nur als Nicht-Begriff begreifbar zu sein.

Die radikale Genealogie der Genese/Geschichtsphilosophie verweigert den Begriff der logischen Notwendigkeit, es bleibt allein die Faktizität. Denn auch Geschichte ist – wegen des Neuen – nur erfahrbar. Notwendigkeit gilt hingegen im logischen Sinn zeitlos, sofern sie als Gesetz, nicht als Zufallsfatum aufgefaßt wird.

Geschichte ist ein absoluter Begriff, der alles Denken auf sich zu und allein auf sich zuzuordnen zuläßt. Revolutionen sind nur ein blasses Symptom des absoluten Begriffs von Geschichte.

»Jemandem das Erbe anvertrauen?« Was heißt das? Kontinuität in Kontingenz und Endlichkeit.

Was sollte in der Geschichte, die alles verändert, mit der Wahrheit übereinstimmen? Nur das, was erscheint, kann wahr sein, hinter dem, was erscheint, kann nichts gemeint sein. Der Gedanke Gottes ist vergessen.

Begrifflich ist das Irrationale der Parasit des Rationalen. Genealogisch, nach der Logik des absoluten Begriffs von Geschichte, verkehrt sich dieses Verhältnis.

Wenn mit der Geschichte der Sprache die Sprachlogik historisch wird, dann ist auch der Akzeptanzanspruch durch rationale Moral relativ im Bezug auf eben die Geschichte. Dann kann Moral nicht schlechterdings verbindlich sein, sondern nur etwas beschreiben, was eigentlich ohne Anspruch auf Verbindlichkeit ist.

In genealogischen Argumentationen gilt statt Logik Plausibilität. Plausibilität, Beifalls-Orientierung, ist eine historische Erfolgs-Kategorie.

Geschichtsbegriff und Begriffsgeschichte. Der Geschichtsbegriff prägt Begriffsgeschichte. Als absoluter Begriff ist er der Sinn von Begriffsgeschichte. Begriffsgeschichte beschreibt den Geschichtsbegriff, der sie zugleich macht, sie ist selber ein Abkömmling der begriffenen Geschichte. Wenn das so ist, könnte die Begriffsgeschichte auch vom Geschichtsbegriff gefressen werden, denn was beginnen kann, kann auch enden.

Wenn – unter den Bedingungen der Endlichkeit – die Wahrheitsfrage zu Problem-Lösungsangeboten depotenziert wird, dann sind dabei kategoriale Begriffe und absolute Begriffe widerständig. Denn die Prozeß-Wahrheit der historischen Plausibilitäten ist selbst vom Charakter des absoluten Begriffs Geschichte geprägt.

Geschichte als absoluter Begriff fordert eine spezifische Wahrheit, die Wahrheit der Individualität, die durch keine Übereinstimmung mehr gekennzeichnet ist. Aber was kann der Sinn dieser Wahrheit sein? Nur noch das durch Plausibilität indizierte unbegreifliche Interesse an dem, was anders ist und von dem eine Geschichte erzählt wird. Wie sollte sich die Logik der Geschichte anders als zeitlich gerieren können? Das andere wird durch die erzählte Geschichte zugleich in die Spannung der Vereinnahmung und der Andersheit gesetzt.

Historische Erkenntnis ist wegen der Linearität der Zeit nötig für den Begriff der Individualität. Individualität ist ein Differential der Zeit. Nur wenn Geschichte umgebogen wird zur ewigen Wiederkehr des Gleichen oder wenn der Weltgeschichte ein zeitloser Plan unterlegt wird, kann man der unberechenbaren Geschichtlichkeit entkommen. Das Neue, das mit der Zeit einhergeht, ist schlechterdings nicht berechenbar.

Etwas kann nur historisch erklärt werden, wenn Definitionen sinnlos sind. Das gilt für Geschichte immer dann, wenn keine Weltgeschichte als Ganzes, vom Plan, von Anfang und Ende her als Universalgeschichte definiert werden kann.

Die Enttheologisierung der Geschichte führt zur Retheologisierung der Natur.

Wo Zeitlichkeit als Geschichte *existentiell* interpretiert wird, gerät die Weltgeschichte durch Individualisierung und Eigentlichkeit ins Stolpern.

Seitdem Augustin die Universalgeschichte konzipiert hat, kann die Jetzt-Zeit (Gegenwart) nur als unvollendet begriffen werden. Der Sinn der Gegenwart erfüllt sich in der gottbestimmten Zukunft. Auch nach dem Verlust der Weltgeschichte bleibt für das Verständnis historischer Zusammenhänge – Epochen – Augustins Erklärungsmuster bestehen: »Unvollendetheit«, Unvollkommenheit, historische Unvollständigkeit der Gegenwartserkenntnis. Erfahrung lehrt: Vollkommenheit der Erfahrung scheitert an der Endlichkeit, am Faktum des historisch Neuen.

Wenn der universalgeschichtliche Rahmen der Geschichte zerbirst, dann dissoziiert sich das, was ehemals zusammengehalten wurde: Das Individuum, der Einzelne wird sich selbst zum Problem, weil er nicht mehr im heilsgeschichtlichen Zusammenhang definiert ist.

Wenn Geschichte nicht mehr vom Ende her, also definiert, begriffen wird, verliert sie ihren objektiven Sinn. Wenn der sich selbst nicht verstehende Einzelne sich in dieser Geschichte beschaut, dann bleiben ihm vom Sinn der Geschichte nicht das Heil, sondern Virtus, Fortuna und möglicherweise seine eigene Größe, und dies unabhängig vom moralischen Rahmen. Das ist die Gefahrenstunde der Selbstsetzung und der Souveränität.

Es gibt Ersatzlösungen, bis die Offenheit der Weltgeschichte ertragen werden kann: Utopien, die die Offenheit mit Glück verschließen wollen, den Amor fati, der sich im Unverständnis zufriedengibt, den Absolutismus der Freiheit, der macht, was er will und will, was er macht.

Gegenwart und Geschichte: Die Betrachtung der Gegenwart hat gegenüber der Vergangenheit zwei Nachteile: 1. Es gibt noch keine Möglichkeit, die Einmaligkeit und Einheitlichkeit einer Epoche – in ihrem Zeitgeist – zu begreifen; dazu fehlt die Distanz, die die Signatur einer Epoche bezeichnen könnte. 2. Es kann sich kein längerfristig garantierter Konsens, keine Plausibilität bilden. Historische Erkenntnisse erfordern historische Dimensionen.

Der Begriff »modern« ist ausgelutscht. Man sollte ihn durch »interessant« ersetzen.

Geschichte vergrößert den Reichtum, vermehrt die Auswege, vermindert die Orientierung.

35 Analogie und Subjektivität

Die Rolle der Einheit wird von der Analogie übernommen, vernehmende Vernunft ohne Bemächtigungsdrang ist erträglicher – bekömmlicher – als Selbstsetzung. Die Einheit der Vernunft verblaßt zur Analogie. An die Stelle der transzendentalen Subjektivität tritt das (Sinn-)Kontinuum. Person / Subjektivität zeigt sich nur noch 1. in der Negation, 2. als ethisch theologischer Sekundärbegriff und 3. als Rechtsbegriff.

Es kommt darauf an, ob Sinn vorgefunden wird: Analogie oder ob Sinn produziert wird: Subjektivität. Subjektivität setzt ihr Werden selbst im Prozeß der Selbstgewißheit. Wenn das empirisch Vorgefundene sich nicht zum transzendentalen Ich des Idealismus vereinigen läßt, wenn die Begriffe sich der Einheit entziehen, bleibt nur die Phänomenologie des Vorgefundenen. Das ist nicht affektierte Bescheidenheit, sondern die methodisch notwendige Darstellung der Personalität, die am Vorgefundenen ihren Habitus gewinnt.

Daß wir nicht Herr unserer Begriffe sind, heißt transzendentalphilosophisch dekliniert, daß die transzendentale Apperzeption im metaphysischen Palindrom nicht die Einheit aller Kategorien faßt, sondern selbst nur ein metaphysischer Urbegriff unter andern Konkurrenten ist.

Die Gegenläufigkeit absoluter Begriffe widersetzt sich der Deduktion aus einer begrifflichen Einheit, die als Kompossibilität gedacht ist, das gilt auch für die Einheit des Bewußtseins. Dieser Befund spricht gegen Kants transzendentale Deduktion und gegen Fichtes Grundlage der gesamten Wissenschaftslehre, vor allem gegen die Ableitung aus dem Willens-Ich und dem davon abgeteilten Nicht-Ich, das sich als Einheit *begreift*. Es gilt die unbegreifliche Analogie als Voraussetzung für jedes Denken von Identität und Differenz.

Negation und Person. Die Frage, »ob etwas ist«, stellen indiziert, daß etwas zugleich als »ist« und »nicht ist« vorgestellt werden kann. Damit ist diese Frage zugleich Indiz von Subjektivität, weil Indiz von vorgestellter Negation.

Person ist an den Satz des Widerspruchs nicht gebunden, wenn sie fragt: Ist das oder ist das so? Das Geheimnis des Bewußtseinsakts ist die Frage, die im Gedanken ein Faktum aufzuheben in der Lage ist.

Nietzsche; Jenseits von Gut und Böse: Dürfte sich der Philosoph nicht über die Gläubigkeit an die Grammatik erheben? Anti-Wittgenstein!

Besonders die Modalform der Grammatik, noch mehr der Konjunktiv II, ist die grammatische Form des Willens und Gewissens. Ich würde tun und ich hätte sollen.

Gegen die Zerstreuung des Subjekts in der Sprache gibt es eine Rettung: Negation. Das ist auch eine Theorie des Willens und der Freiheit. Zugleich gilt der Habitus des Lernens: nicht Dissimilation ins andere, sondern Anbequemen ans Neue und das Neue sich anbequemen.

Man muß sich puschen lassen können, um so die eigene Kapazität, die habituelle Spannweite zu erfahren.

Begriffe sind Institutionen, die Ansprüche stellen und die Subjektivität vernichten und konstituieren, vergleichbar dem Kantischen Autonomiekonzept: Person wird Subjekt, indem sie der Begrifflichkeit gehorcht. Oboediendo vincimus. Das ist *Aufgabe*: Sich-Aufgeben und Auftrag, aktiv und passiv zugleich, Habitus.

Es gibt für Person offensichtlich zwei Sorten von Zwang: das Muß der Vernunft, dem man sich nicht entziehen kann, und das Soll der Zwangsinklination bei praktischen Sätzen. Dieser Gegensatz ist auch dann, wenn das Sollen als vernünftig interpretierbar ist, nicht aufhebbar.

Personalorientierte Begriffe sind innere Evidenzen, die die Erfahrung ihrem Urteil unterwerfen: Stimmung, Negation, Möchtegern.

Die Selbigkeit muß nicht vom Charakter des Ich sein, sie kann durchaus auch Du heißen.

Zwischen Bemächtigung und Hingabe liegt das Mysterium von Selbigkeit, Einem und Identität.

Keine vereinende Versöhnung, keine Erpressung, sondern die Freiheit des Selbst- und Andersseins zugleich.

Freiheit entspringt aus der gelassenen Ordnung. Alles nach seiner Art, kein Verwendungszweck und kein Veränderungsdruck. Nicht machen, lassen. Diese Zustimmungsnotwendigkeit der Seele zur Wahrheit – Judicium (Aristoteles, »de anima«) – entspricht der Plausibilität, ist der unentbehrliche Willensanteil in der Grammar of Assent.

Die Situation der Vernunft unter den Absolutismen der Zeit: Physiologie der Seele. Das ist der Vernunft unter die Röcke greifen. Ihre Stabilität ist nur der Schein eigentlicher Sexualitätsgeschichte. Vernunft ist nur Produkt einer unbedachten Natur. Selbstbewußtsein ist Selbstbetrug der Vernunft über ihre physische Herkunft.

Larmoyante Redlichkeit rangiert oft vor dem Mut zu unbequemer Wahrheit, die sich der bequemen Moralität nicht fügen will.

Die Denkfigur des Selbstbetrugs zerstört jeden Ansatz von Systemdenken, von Gleichzeitigkeit, von Ordnung. Dadurch wird die Biographie zur Philosophie: Die Frage nach der inneren Wahrheit läßt sich von der Wahrhaftigkeit und der Blockade der äußeren Wahrheit nicht mehr unterscheiden. Die Vorstellung des Selbstbetrugs führt zu Wahrheitsverlust, Acedia und Melancholie.

Geborgte Melancholie. Wenn die Apokalypse abhanden kommt, ist noch die Trauer unberechtigt. Der Weltgeschichtsrahmen ist geborsten. Verzweifelt am Finden von Sinn, verzweifelt an Habitus und Intuition, bleibt als fröhliche Wissenschaft einzig das Machen. Zwischen Wahrheit und Selbstbetrug gibt es keinen Unterschied mehr. Schlage die Trommel und fürchte dich nicht! Ist am Ende die Melancholie berechtigt, daß noch die Apokalypse abhandengekommen ist?

Betrügt man sich, wenn man »Selbsttäuschung« ernst nimmt?

Wie Gewissen ist Selbstbetrug ein Vorwurf ex post.

Selbstbetrug: Schizophrenie der Seele und der Wahrheit. Der Selbstbetrug zerstört die Wahrheitsfähigkeit. Wahrnehmungen werden zum Schein, es gibt keine Adiaphora, kein drittes, es gibt nur die Bekehrung. Die Seele ist sich nur selbst auf den Fersen.

Selbstbetrug ist die Unterstellung von andern Absolutismen her, die es besser wissen; Selbstbetrug als Selbstbezichtigung ist der Rückblick auf sich selbst nach der Bekehrung.

Das Argument, Religion sei Selbstbetrug, stammt selbst aus dem Hinterwelt-Fundus der Religion; denn von der Religion wurde die Vorderwelt zugunsten der Hinterwelt für irreal, für Schein erklärt, nun geht es der Hinter-Welt an die Realität.

Gegen die Denunziations-, Lügen- und Scheingeschichten des Historismus steht die Phänomenologie mit dem Blick des Kindes, das des Kaisers neue Kleider nicht sieht.

Selbsttäuschung führt zum Verlust der »Realität« und des Selbst. Die Denkfigur von Selbstbetrug setzt eine höhere, gerade gewonnene Realität voraus, eine Konkurrenzrealität zur alten. Das ist die Figur der Bekehrung von einem absoluten Begriff zum andern. So wird die Seele zum Kampfplatz absoluter Begriffe. Ergebnis bei der Person, die das Gegenläufige beieinanderhalten muß: das schlechte Gewissen.

Die arme, weil dezisionsunfähige und willensschwache, skeptische Seele ist zwischen den absoluten Begriffen zerrissen. Entzweiung führt zu Wissen, Entzweiung zwischen absoluten Begriffen führt zu schlechtem Gewissen. Die Zustände der Entzweiung folgen einander, die Einheit des Selbst muß als Bekehrung verlangt werden. Gewissensnot zeigt den Selbstbetrug der armen Seele als Kampfplatz absoluter Begriffe.

Schuld = Verantwortung + Unwohlsein.

Die Prozeßwahrheit, die Probleme erledigt, muß in ihrer Prozessualität den Selbstbezug habituell wechseln. Das heißt: Veränderung des Probleminteresses. Aber warum ein Interesse sich ändert, ob wegen Erledigung eines Problems, aus Irrtum, aus Unfähigkeit zur Lösung oder aus Dezision: Das zeigt sich – bestenfalls – in der Rückschau. Und so ist die Prozeßwahrheit gefährlich für die Seele, weil sie allemal Selbstbezug als Veränderung bedenken und auf Selbstbetrug überprüfen muß.

Auch der gewaltsame Selbstbezug bleibt ein Selbstbezug: Die Macht, sich gegen sich selbst zur eigenen Züchtigung – bzw. Formung – wenden zu können, ist Ursache von Lust und Leid in eins. Aktiv/Passiv ereignen sich stets im Selbstbezug, im Reflexiv: Ist Aktivität Machtlust, Passivität Leidensschmerz, fallen in der ἕξις Macht und Leid zusammen. Selbstbezug ist zugleich Selbstentfremdung und Selbstformung. Diese Selbstformung impliziert die Kenntnis von Selbstbetrug: In der Selbstformung unterdrückt die Seele ihren alten, falschen Zustand, bekehrt sich durch selbsterzeugtes Leiden.

Zwischen Irrtum, Selbstgerechtigkeit, Selbstbezug und Selbstbetrug gibt es fließende Grenzen. Eine subjektive Begründung für Irrtum gibt es nicht, es gibt nur Bekehrung zur »richtigen« Einsicht. Niemand kann sagen, »warum« er etwas falsch gemacht hat. Man kann nur sagen, *daß* man »die Dinge anders« gesehen hat, etwas »vergessen« hat. Irrtum einzusehen setzt den Wandel zum besseren Standpunkt voraus, denunziert den alten zum unbegründbaren, selbstbezüglich-gewissen Selbstbetrug. Die Sicherheit des Irrtums erscheint erst dem, der seine Selbstgerechtigkeit, seinen nun »falschen« Selbstbezug eingesehen hat, als Selbstbetrug. Hier macht sich die Seele einen inneren Schauprozeß, zerfasert die Seele in ihre Geschichte.

Die Seele erweist sich in ihrer einzigen Gewißheit, in ihrer »Selbst-Gewißheit« als zerfasert in Ungewißheiten. Und der schnelle Geist webt diese Ungewißheiten zwischen Topoi und absoluten Begriffen zur Struktur.

Irrtum und Dummheit. Dummheit ist uneingesehener Irrtum, Verweilen im unveränderlich sicheren Selbstbezug. Borniertheit gegen Neues ist seelische Sicherheit der Selbsterkenntnis.

37 Wollen

Velle: existentiae alicuius delectari (Leibniz). Dem entspricht eine Definition der Liebe: felicitatis alicuius delectari.

Person (möglicherweise auch Willensfreiheit, sofern Person durch Wille definiert ist) ist wie ein Schauspieler (Rolle – πρόσωπον), der seine Rolle so oder so im Rahmen, d. h. nach den Möglichkeiten des vorgeschriebenen Stücks (Determinismus, Provisionismus) ausführt = ver-*wirk*licht. Denn das Stück ist nicht in Plan und Schrift, sondern auf dem Theater in der Ausführung real. Person ist für die Vermittlung des Möglichen zum Wirklichen zuständig.

Die Vorstellung des handelnden Subjekts impliziert wegen des Handelns Zeit und Verantwortung. Das geht nicht mit Gleichzeitigkeitslogik, denn Verantwortung geschieht, wie die Phänomenologie des Gewissens zeigt, erst im Anschluß ans Handeln.

Wille setzt und negiert Interessen. Der Rest ist Zweckrationalität. Interesse und formales Gutes konvergieren. Zweck / Interesse / Gutes stehen möglicherweise gegen Bekömmlichkeit.

Seele hat eine Kraft des Willens: die Verneinung. Ihr Willensindiz ist die synkategorematische Kategorie der Negation. Nur aufgrund dieser Negationsfähigkeit ist Seele auch Person.

Das synkategorematische Nichts, das »Nein-Sagen« ist die Bedingung der Subjektivität, weil Fähigkeit zur Negation. Synkategorematisches Schließen impliziert jedenfalls als Negation eine Handlung. Handlungen sind persongebunden. Negation, *die* synkategorematische Handlung bedingt auch Selbstbehauptung und Selbststilisierung.

Ist Person Anrennen gegen Sinn? Nur zur Hälfte. Die andere Hälfte ist die, daß das Anrennen gegen Sinn Sinn mache. Denn es zeigt die Sinnlosigkeit. Dieses beieinanderzuhalten, ist Person.

Das pessimistische Befürchten, daß ich »recht habe«, ist eine doppelte Angst: davor, daß etwas objektiv schlecht wird und davor, daß ich dieses Faktum nicht gesehen habe. Das Ergebnis ist eine gleiche Verteilung von Gut und Schlecht: trifft das Schlechte ein, habe ich es richtig gesehen. Trifft das Gute ein, war meine Voraussicht falsch. Ist dieser Selbstbetrug die Ursache gespaltener Träume, etwas Gutes »rationalisieren« zu wollen?

Die Herrschaft der Begriffe über uns macht, daß wir uns mit ihnen verständigen können.

Was ist verständlich und nicht logisch erzwingbar? Vielleicht ist das Erzwingbare an der Logik eher die Struktur der Logik selbst, auf die man sich einlassen muß, wenn man sich überhaupt auf Logik einläßt. Verstehen hingegen ist keine gemeinsame Struktur, sondern ein Sich-ins-Verhältnis-Setzen zum Erscheinenden.

Warum überhaupt Begrifflichkeit? Wegen Kommunikation. Kommunikation hat einen höheren »Verständnisgrad« als das Erlebnis von Unbegrifflichkeit. Ist am Ende Bekömmlichkeit Ziel der Begrifflichkeit?

Gehlen: »Alles kommunikative Handeln ist nur, indem es über sich hinaus ist und auf anderes geht, indem es sich von daher bestimmt.« D. h.: Kommunikation ist ἕξις auf persönliche Gegenseitigkeit.

Das Verstehen ist die Evidenz des anderen, das Funkeln des Neuen, eine Evidenz der Analogie, ein neuer Anfang. Alles im Abschein der unbegrifflichen Neuheit.

Επι-στήμη = ver-stehen, ἐπί ist sowohl drumherum als auch daneben: Identität und Differenz.

Der implizite Leser ist das Gegenteil des historisch kritischen Lesers, der zwischen dem Text und sich Differenzen macht. Der implizite Leser ist der identifizierende Leser.

Wenn man fragt, was passiert »eigentlich«, wenn einer dies und das sagt, dann geht man von einer Konnotation aus, die über das hinausgeht, was der Sagende »gemeint« hat.

Die Magie der Sprache liegt darin, daß sie etwas bewirken kann, sie ist in diesem Sinne wirk-lich, faktitiv. Das Muster dafür ist Kommunikation, und zwar spezifisch Gehorsam: Sprechen und Werden. Wenn dabei noch das Objekt wird, wird Wirk-lichkeit bewirkt, Schöpfung.

In diesem Sinne ist Magie der Sprache auch Sinn überhaupt: Wirk-samkeit = Sinn? Sinn ist rückläufige Wirksamkeit: Nachfolgepotenz von dem, was wirk-lich wurde.

Mit Stimme und Sprache ist der Natur ein überaus energiesparendes Kommunikationsmittel gelungen.

Logik an sich – objektiv – zwingt den Geist und kann deshalb das Gegenüber und den Prozeß der Kommunikation als »Psychologismus« vernachlässigen. Verstehen braucht – nach dem Sinn des Wortes – die Gegen-position, bei der der Sachverhalt akzeptiert und zu *seinem* gemacht wird, indem »es« in ihm »funkt«.

Hermeneutik = Sinnansprüche einer Vorlage bewältigen.

MÖCHTEGERN I: SCHAUEN

39 Janua deliciarum: Adiaphora

Rettet, worauf es nicht ankommt! Rettet die Adiaphora! Sie machen Philosophie wahrheitsfähig und human. Sie sind das gesuchte Dritte, das nicht unter die Entscheidung fällt, sondern offen für die Anschauung zutage liegt; sie sind die Bedingung des praktisch-politischen Sensus communis, von Gesellschaft und Gemeinschaft, für Politie und Kommodität.

Wo Theorie getrieben wird, ist Theorie Adiaphoron, keine Entscheidung. Andernfalls wird Theorie Ideologie.

Sackgassen der Philosophie: Gottesbegriff und menschliche Freiheit, Gerechtigkeit, Allwissen; Leib-Seele; Zeichen-Bezeichnetes; Sein-Schein. Alternativen führen in Sackgassen und am Ende dazu, daß sie gleichgültig werden. Der Begriffsmanichäismus entsteht aus Vorwegentscheidungen der Philosophie. Dieses Ping-Pong in philosophischen Sackgassen zeigt, wie sinnvoll Adiaphora sind: wo Einsichten methodisch versperrt sind, zeigt sich elementar die praktische Vernunft.

Zeiten ohne Adiaphora sind Krisenzeiten; κρίνειν heißt richten, entscheiden. Wo es nur um Alternativen geht, wo kein Spielraum für dritte Positionen ist, kann allein entschieden werden.

Die Logik von Adiaphora: »Sind zwei Größen einer dritten gleich...«. So wird garantiert: 1. politischer Freiraum, 2.

Raum der Kommunikation, 3. Raum des Rechts gegen Begriffsmanichäismus.

Ist Lachen lächerlich? Dann hätte man nichts zu lachen, stände stille unter dem Anspruch absoluter Begriffe. Lachen zeigt, daß es trotz absoluter Begriffe Freiräume gibt. Lachen negiert absolute Vernunftansprüche. Lachen schafft durch diese Negation Personalität; und Lachen ist human; denn es indiziert Freiheitsräume. Lachen macht Vernunft lächerlich und rettet die Adiaphora.

Wer nicht erlöst ist, hat nichts zu lachen. Wer nichts zu lachen hat, ist übel dran. Wer trotzdem lacht, sieht das Aufleuchten des Heils im Schrecklichen. Wem das nur Schein ist, dem gefriert das Lachen.

Im Lachen, dem Leuchten des begnadeten Möchtegern, also im Glück, ist der Mensch nicht vernünftig, aber das macht auch nichts. So entsteht Idylle als Raum der Adiaphora.

Adiaphora sind Zwischenwelten, neutrale, epikuräische Intermundien im Götterkampf absoluter Begriffe.

Wahrheit?
Wenn es eine sein sollte, offenbarte sie sich – sei es verhohlen, sei es evident – in der Kompossibilität des Verschiedenen; und wenn wir Glück hätten, wirkte ihre Evidenz als Gnade, wäre sie wie ein schönes Adiaphoron: erträglich, bekömmlich, idyllisch.

Faktizität der Adiaphora. Unter der Herrschaft absoluter Begriffe sind Adiaphora nicht denkbar. Aber die Tatsache, daß es sie gibt, zeigt, daß der Anspruch absoluter Begriffe im menschlichen Handeln negierbar ist, ohne daß die Tatsache der Negation begründbar wäre. So bleibt nur, ihre Faktizität zu betonen, sie als Exile im Kampf absoluter Begriffe zu betrachten, als Exile fürs Zusammenleben, das sich ohne Adiaphora als unbekömmlich erweist. Adiaphora sind Indizien der Gelassenheit angesichts absoluter Begriffe. Sie sind Momente von Freiheit. Adiaphora sind möglich, weil sich die absoluten Begriffe untereinander paralysieren.

Adiaphora retten die Freiheit und die Person über deren Negationsfähigkeit hinaus, denn sie verschaffen der Person Spielraum. Zwischen absoluten Begriffen sind Adiaphora der semantische Spiel-Raum, der weder begründet werden kann noch begründet werden sollte. Es ist der begründungsneutrale Raum für Spontaneität, Phantasie und Möchtegern. Hier triumphiert die Freiheit auch als Möglichkeit des Antinomismus.

Mit dem Antinomismus fällt die eindeutige Bekömmlichkeit der Adiaphora. Im Antinomismus wird Möchtegern zur Erfüllung und zum Terror zugleich, dann nämlich, wenn nicht Begriffe, sondern Geschichten im Raum der Adiaphora Interpretationsmonopol beanspruchen. Dann hängt nicht von Einsichten in absolute Begriffe, sondern von Geschichten das Wohl und das Wehe, Gedeih und Verderb der Welt ab: Messianische Geschichten sind dann die absolute Geschichte von Gefahr und Rettung. De te fabula narratur.

40 Phänomenologisches

»O Ewigkeit, du Donnerwort.
Ein Schwert mir durch die Seele bohrt.
Mein ganz erschrocken Herze bebt,
daß mir die Zung am Gaumen klebt.«
(Bach, Kantate Nr. 60)

Am Anfang steht die Angst, Furcht und Zittern. Es ist die ungeteilte Glücks- und Schmerzensintensität des Eingelassenseins ins Erleben; die Enge der Angst, die Drohung des Dräuenden vor dem, was unberechenbar, unerhört, schlechterdings neu, anders ist. Bis die Angst als »Erhabenes« benennbar ist, bis das Unsagbare sagbar wird, sind gut und böse, beängstigend und beglückend untrennbar beieinander. Das bedrohlich Beglückende ist das unnennbar Vorgängige, das in Kult und Kunst, in Wünsche und Begriffe sich erst sekundär dirimiert.

Erfahrungsfähigkeit kann dem Neuen, Unerhörten, Erhabenen entgegenzittern: Das ist mehr als sich öffnen, auch mehr als Intentionalitätsfühler ausstrecken. Entgegenzittern ist Sich-Trauen, im andern anders zu werden und doch selbst zu bleiben, immer in der Gefahr, darin umzukommen.

Kult, Kunst und Vernunft sind sekundäre Bewältigungsinstrumente für den ursprünglichen Schrecken und das namenlose Entsetzen. Begriffe sind die leistungsfähigsten Instrumente der Angstentlastung; die Pointe begrifflicher Angstentlastung ist der Monotheismus.

Begriffe, Identifikationen entängstigen, indem sie etwas benennbar, wiedererkennbar machen: dieser anamnetische Akt hat selbst etwas vom kultischen Bannen des Flüchtigen durch den Namen. Benennen wird Begreifen, Erfassen.

Benennen ist von Kunst und Kult, von Abbilden und Verehren noch nicht getrennt. Das jüdische Namensverbot wird erst sinnvoll, wenn die Identifikation Gottes durch den Bund des Volkes mit seinem Gott schon stattgefunden hat. Während Begriffe – Vorglanz der Rationalität – durch Identifizieren entängstigen, bewahren Kunst und Kult etwas vom mythischen Schrecken des Unsagbaren. Das Unsagbare bestimmt durch seine Irrationalität den Rang von Kunst und Kult. Die Rationalität begrenzt, präzisiert durch ihre Vernünftigkeit die ursprüngliche Aura des Numinosen zum Monotheismus.

Novalis; Blüthenstaub. Der Philister »sogenannte Religion wirkt blos, wie ein Opiat: reizend, betäubend, Schmerzen aus Schwäche stillend. Ihre Früh- und Abendgebete sind ihnen, wie Frühstück und Abendbrot, nothwendig. Sie könnens nicht mehr lassen«. Sei's drum. Das Opiat Religion macht das Unsagbare alltäglich, also erträglich.

Es ist keineswegs ausgemacht, ob Heidegger mit seiner Kritik der Verbegrifflichung Gottes im Monotheismus nicht recht hat. Aber es ist die Frage, ob dieser Anspruch nicht inhuman und damit unpraktisch ist. Die Amplitude des Zitterns und der Furcht wird im Monotheismus reduziert: Aus erlebtem Zittern wird vorlaufende Berechnung, aus der Ambivalenz der Furcht wird die Eindeutigkeit des Bundes-Gottes. Die Offenheit des Ereignisses wird eingeengt durch die Not und die Angst, das Numinose ertragen zu können. So wird die Wirklichkeit des Numinosen mit dem Angst-Wunsch des Betroffenen vermischt: Aus der Erfahrung wird ein banges Möchtegern, dessen Gutes seine Berechenbarkeit ist. Erst jetzt dirimiert sich das als unsagbar Erfahrene als Identifizierbares in die Prädikate, die es benennbar und begreifbar machen. An der Stelle des urprünglichen Tremendum und Faszinosum erscheint der begrenzte Glanz des vernünftigen Monotheismus. Zwischen Wunsch und Wirklichkeit ist der Unterschied verwischt.

Die Doppeldeutigkeit des Anfangs, die Ur-Teilung zur Isolierung des Guten im Schrecklichen ist die Konstitution von Hinterwelt und Metaphysik.

Entweltlichung als Vertröstung. Die Entweltlichung der Welt ist das erste Moment der Schreckensbewältigung. Denn dadurch wird der Schreck bewältigbar, daß ihm ein Sinn unterstellt wird, der »vor« oder »hinter« der Erscheinung steht. Die Phänomenologie der Schreckensbewältigung ist die Bedingung der Hinterwelt von Theologie und Metaphysik. Das Leben war nie Sinn seiner selbst, sondern Sinn deutete immer schon hinter das Leben. Die Vorstellung, daß das Leben selbst seinen Sinn habe, nicht durch den Sinn hinter den Erscheinungen bestimmt ist, ist vom Autonomiegedanken, von der Emanzipation des Menschen dem Schrekken gegenüber geprägt, und dann ist Emanzipation der Sinn des Lebens. Daß Leben selbständig sei, ist nicht ursprünglich gedacht, sondern nachaufklärerisch.

Das bange Möchtegern ist eine Stimmung. Wie sehr das zutrifft, zeigt sich in der Negation des Möchtegern, in der Verzweiflung.

Ist Furcht Folge der Liebe oder umgekehrt? Wer nicht fürchtet, liebt nicht, nicht einmal sich selbst.

Die dauernde Ablösung der Theologie zugunsten von Ersatztheologien ist ein langweiliges Problem, und das Ersetzen scheint nie zu Ende zu kommen. Man muß daraus schließen, daß das Reservoir, aus dem Theologie zehrt, nicht erschöpft werden kann. Es ist das Reservoir der Angst, das Reservoir der Kontingenz. Kultus und Theologie sind trotz allem die derzeit am besten funktionierende Verwaltung des mythischen Angstreservoirs.

Die Rationalisierung der Angst in Begrifflichkeit und Unbewältigtes läßt das Gute und das Böse entstehen: Das Böse wird freigesetzt, indem das Gute als das Bekömmliche durch kultische, mythische und begriffliche Identifikation aus dem

Erhabenen isoliert wird. Das Böse ist – wie das Geheimnis – der unbewältigte Rest der Identifikationsrationalität.

Geheimnis ist Dasein unter den Bedingungen der angsterfüllten Kontingenz und nur dann. Und nur unter dem Anspruch, daß Rationalität absolut gut sei, bekommt das Geheimnis die düstere Aura des Bösen.

Die Begriffe behalten immer etwas von der Doppeldeutigkeit ihrer Herkunft: Ihr vielfältiges Funkeln kann, wenn sie ihre Kraft verlieren, auseinanderfallen. Wenn die Begrifflichkeit versagt, erscheint die Angst, die durch Begriffe gebannt war, erneut. Darin besteht der Sinn des Monotheismus, die Begrifflichkeit zu vereinigen und Angst zu bannen.

Auch unter den Bedingungen der Begrifflichkeit bleibt die Angst, daß die Kraft der Begriffe nur Schein sei, daß die Rationalität trüge. Die Leistung der Begriffe bleibt gefährdet von der Angst, daß Rationalität nicht glücke und beglücke, sondern das Eigentliche, das böse Mächtige des Numinosen verschleiere. Die Angst kulminiert darin, daß sogar die rationale Entzweiung von Gut und Böse nur von scheinhafter Natur sei.

Es wird, erscheint der Anspruch des Monotheismus als absoluter Begriffsanspruch des Guten, noch die Angst zum Indiz des Bösen. Theodizee, Rechtfertigung absoluter Rationalität, macht böse Träume zu teuflischen Eingaben. Der Begriff der Angst wird im Verdrängungsprozeß der Rationalität dämonisiert.

Angst entsteht im Sinn-Krieg. Die Angst vor der Verkehrung des Sinns der Begriffe, die Angst vor dem Schein macht die Gegenwärtigkeit des Bösen auch in der Rationalität aus.

Das Böse ist gerade deshalb das Unerwartete, das Neue, weil es durch Rationalität zum schlechterdings Irrationalen geschieden wurde. Das Irrationale ist phänomenal vom Neuen nicht zu unterscheiden. Das Neue erscheint immer in der Stimmung des Tremendum und Faszinosum. Zittern ist die Stimmung auch für die Erfahrung des Bösen.

Das Böse – im Wesen irrational. Wenn Ordnung, Rationalität anerkannt ist, ist sie eo ipso gut. Ordnung, Rationalität ist platonische καλοκαγαθία, Transzendentalieneinheit. Jenseits von Gut und Böse ist auch das Vernünftige nur zweckmäßig, ebenso wie das Böse: pragmatischer Nihilismus.

Böses: gleicht dem Göttlichen, ähnelt dem Schönen, sieht aus wie Freiheit.

41 Monotheismus

Wenn die Vernunft nicht über das Höchste nachdenkt, kastriert sie ihre eigenen Möglichkeiten.

Zwei-Quellen-Theorie: Der Monotheismus aus theologischen Gründen setzt den Gottesbegriff implizit mit allen Prädikaten voraus. Ziel: Ad maiorem Dei gloriam. Der religionsphänomenologische Anfang, die zweite Quelle, wird monotheistisch aus begrifflich-philosophischen Gründen. Sein Zweck ist menschlich: Angstbewältigung. Ist das Verhältnis zwischen beiden Quellen unvermittelt, wird Philosophie Religionskritik. Denn wie sollte sich die Philosophie aus dem Dilemma eines phänomenologischen Schreck- und Bewältigungsanfangs der Erfahrung eines Numinosen und dem Anspruch der göttlichen Anfangslosigkeit retten können? Hängt hingegen die Philosophie von der Theologie ab, dann ist die »Wahrheit« der Philosophie nicht phänomenal und historisch anfänglich, sondern erscheint als Abglanz Gottes in der Geschichte. Theologisch ist der Anfang nicht privilegiert, sondern von der Zeitlosigkeit abkömmlich.

Primär- und Sekundärmythen. Die Unterscheidung von Primär- und Sekundärmythen (Reitzenstein / Blumenberg) setzt den Absolutismus des Geschichtsbegriffs voraus. Es geht um die Entscheidung zwischen Theo-logik und Geschichte. Unter dem Absolutismus der Geschichte sind Sekundärmythen abkömmlich von Geschichte. Zeigt sich in Sekundärmythen dagegen, was ohnehin »ist«, dann sind es die Wahrheiten der Sekundärmythen, die Prädikate Gottes, die »immer schon« wahr waren. Mindestens im Sinne von »Möchtegern«, in dem Sinne , daß es zu schön ist, um wahr zu sein, haben die Sekundärmythen von der Herrlichkeit Gottes ihren unauslöschlichen Reiz. Was aber sind die Kriterien, die gegen das »Möchtegern« sprechen, warum ist das »Ertragen-können« des Fürchterlichen eigentlich wahrer als das Möchtegern?

Das Musterbeispiel, die Mustergeschichte für Sekundärmythen ist die Verbegrifflichung Gottes: (Nietzsche; Antichrist 25).
Aus dem Gott Abrahams, Isaaks und Jakobs, dem Gott der Macht und des Gehorsams, wird im Neuen Testament ein guter Gott. Dieses »gut« meint nicht mehr das »gut« aus der Genesis (»perfekt«), sondern die gute Seite aus dem Begriffsmanichäismus von Gut gegen Böse, Heil gegen Sünde.
Der Messianismus entsteht mit der Verphilosophierung des Gottesbegriffs im babylonischen Exil des jüdischen Volkes: Der gute Gott und die schlechte Gefangenen-Welt des babylonischen Exils fordern Versöhnung. Am Ende steht dann die theologische Denk-Figur: »Unser« (das ist Israels) guter Gott ist der eigentlich mächtige Gott. ER verbirgt seine Macht, um »uns« durch Strafe zu erziehen. In diesem Erzie-

hungsprozeß, der aus liebender Zuwendung geschieht, in der sich uns Gott um unseres Heiles willen zugleich entzieht, wird die Realität entschieden zweideutig: Realität ist – Empirie – schlecht. Realität ist – Glaube – gut, weil sie sich zum Heil, zum Guten entwickelt. Am Ende dieses Entwicklungs-Erziehungsprozesses zeigt sich auch phänomenal, was verborgen »immer schon« da war: Die Herrlichkeit des Herrn wird im Messias sichtbar.
Dieser Prozeß setzt die Hauptprädikate Gottes fest: Macht und Liebe. Gott wird so zum kosmischen und zum weltgeschichtlichen Gott (Deutero-Jesaia). Hier erscheint Weltgeschichte als Heilsgeschichte, hier liegt die Bedingung der Theodizee.

Gäbe es eine Erziehung des Menschengeschlechts durch göttliche Selbstoffenbarung, dann hätte sie geschehen müssen, wie sie geschehen ist: Aus der namenlosen Angst bei der Erscheinung der Augenblicksgötter wurde – Ich bin, der ich bin – der israelische Stammes- und Bundesgott. Dessen Einzigartigkeit erwies sich in der Not des Exils als universal und messianisches Heil verheißend zugleich. So hätte sich der Angstgott des Anfangs am Ende als der erwiesen, der liebte, vernünftig berechnete und die Welt beherrschte, messianisch und philosophisch, jüdisch und griechisch.

Die Logik der Sekundärmythen heißt »Ad maiorem Dei gloriam«. Es ist zugleich die Logik der Frommen, die Logik des Gehorsams und die raison d'être der Theologie.

Der philosophische Reiz des Monotheismus gegenüber Polytheismus und Dualismus: Der Gottesbegriff garantiert Einheit und Macht der Wahrheit »... und die Kraft und die Herrlichkeit in Ewigkeit.« Das Ursprüngliche ist nicht unbedingt das Vornehmste, das Privilegierte. Nur in der philosophischen Genealogie hat der Anfang eine besondere

Dignität. Sekundärbegriffe wirken durch Leistung. Auch als Sekundär-Phänomen ist Vernunft und praktische Begrifflichkeit, obwohl kitschig, sinnvoller als Archaismen. Der Preis: die Spaltung der Prädikate des Schrecklichen ins gute Rationale und böse Irrationale: Begriffsmanichäismus.

Welches sind die unentbehrlichen Kategorien im Kontext praktischen Zusammenlebens? Die Prädikate Gottes: sie garantieren ethische Normen. Wenn an die Götter auch nur Moralmaßstäbe angelegt werden, sind sie aus dem Spiel. Dann hat der philosophische Monotheismus, die Begrifflichkeit, gesiegt.

Die Theodizee ist der Versuch eines philosophisch-theologischen Gesamtsinns der Welt.

Der Monotheismus der Theodizee, der die Weltgeschichte impliziert, muß Schöpfung denken. Für ihn ist Realität nicht allein phänomenal vorfindliche, empirische Realität, für ihn ist Realität im genauen Sinne theo-logisch, durch Gottes Wort gegebene Realität.

Der Begriff der Kraft Gottes ist so angelegt, daß er als Gnade den Sinn der Welt logisch strukturiert; die Logik ist eine qualitative Struktur der göttlichen Kraft.

Monotheismus macht die Welt auch juristisch disponibel: *Dies irae* – für Anfang und Ende der Welt entscheidend, weil Gut und Böse unterscheidend und als Handlungsnorm konstituierend. *Dies irae* indiziert einen antikosmologischen Monotheismus.

Die Strukturgleichheit des christlich universalen Monotheismus mit dem Platonismus: Alle Werte gelten für alle: Ideen-Demokratie, das Große bleibt nicht groß und das Kleine nicht klein. Das ist die – unästhetische – Gleichmacherei durch den gleichen Anspruch der Moral.

Theodizee landet, nach dem Durchgang durch Rationalismus und Geschichtsphilosophie, noch nach dem Durchgang durch Anthropodizee, da, wo sie angefangen hat: bei der Apologetik.

42 Unüberbietbarkeiten

Wenn die Gottesbeweise nichts als den Einheitsanspruch der Vernunft belegen, dann ist der Gottesbegriff der Versuch, Begriffe und Identität überhaupt zu fassen.

Ontologischer Gottesbeweis: Quo maius cogitari nequit. Kant interpretiert das Ensemble der Vernunft, das Leibniz als Gott dargestellt hat, um: So wird das transzendentale Subjekt. Dabei macht Kant den Gottesbegriff zugleich absolut transzendent. So handelt es sich um eine Usurpation des Gottesbegriffs durch die transzendentale Vernunft. Denn alles, was vernünftig ist, wird nicht mehr durch Gott garantiert, sondern der Vernunft zugesprochen. Gott bekommt jetzt extramentale, gespenstische Unrealität, denn Sein ist nur »reales« Prädikat, wenn es vernünftig garantiertes Objekt sinnlicher Erfahrung ist. Was beweist Kant: Daß der philosophische Gott kein vernunftgarantiertes Objekt sinnlicher Erfahrung ist. Na und?
Er handelt sich zugleich die Schwierigkeit ein, die Grenzen von transzendentalem und empirischem Subjekt im Menschen anzusetzen. Denn daß der Mensch Herr der Wahrheit sei, die ihn bestimmt, will auch Kant nicht behaupten. Das transzendentale Subjekt usurpiert den Gottesbegriff bis in die Moral hinein. Das, was bei Leibniz radikale monadisch-innere Einheit von Vernunft und Moral ist, zerfällt in transzendentale Logik, Pflicht und äußere Empirie.

Fastigium metaphysicae. Cur potius aliquid quam nihil: Wenn Gott möglich ist, d.h. wenn Seine Prädikate kompossibel sind, dann ist Er nötig. Sind die göttlichen Prädikate einfach, können sie sich nicht widersprechen, denn Widerspruch ereignet sich nur, wenn ein Prädikat eines Subjekts zugleich affirmativ und negativ erscheint. Das aber ist bei einfachen Prädikaten unmöglich. So ist Gott möglich, also muß er sein. Metaphysik zieht sich bei Leibniz mit diesem Modalkalkül von Möglichkeit und Notwendigkeit am eigenen Schopf selbst aus dem Nichts.

Monaden sind Individuen, weil ihre metaphysische Konstitution durch die Kraft Gottes ermöglicht ist. An der Kraft Gottes, der modal sich selber notwendig aus dem Nichts ermöglicht, hängt die kontingente Existenz aller Geschöpfe.

Nietzsches Moral- und Christentumskritik zielt am Ende immer auf die göttliche Prädikatenlehre. In der Prädikatenlehre Gottes wird das Gute als das allein Wahre und Göttlich-Kräftige bestimmt. Die sinnliche Welt ist kontingent, Kontingenz ist die Negation der Unbedürftigkeit, die Negation der autonomen Weltlichkeit. Nihilismus dagegen bedeutet absolute autonome Weltlichkeit der Welt, Menschlichkeit des Menschen, der allein der Welt Sinn gibt, die Negation der Kontingenz. So kann der Mensch – ewige Wiederkehr des Gleichen – seinen Sinn stets auch nur in sich finden und in die Welt setzen. Wie sollte er finden, was er nicht setzt? Setzen und Finden von Sinn fallen zusammen: Was als gleiches wiederkehrt, ist ausweg-, spur- und sinnloses Menschsein.

Nihilismus. Die Selbstkonstitution der Vernunft im Gottesbegriff, die mit Leibniz' Modalkalkül ihren Gipfel erreicht und dann im Idealismus subjektiviert wird, ist dann zu Ende, wenn man fragt, warum Sinn sinnvoll sei. Das geschieht bei Nietzsche zuerst dadurch, daß er Sinn als Tragödie faßt. Wo noch die Tragödie als sinnlos erkannt ist, bleibt Spott über die, die Sinn nötig haben. Im Selbstbezug des tanzenden Zarathustra zeigt sich der Selbstbezug und die Ausweglosigkeit des radikal autonomen Einzelnen; und zum Schluß? Wie ist Nietzsches Christus-Selbstbildnis »Dionysius der Gekreuzigte« zu verstehen? Bildet es selbst die Heilsgeschichte ab, die es denunziert?

43 Trinität

Heideggers Invektiven gegen die »Identität« des Monotheismus bestehen phänomenologisch zu Recht. Phänomenologisch ist die Trinität der nachhaltigste Versuch, das Ereignis des Numinosen begrifflich zu bewältigen und zu verwalten, sich dem Numinosen zu entfremden.

Dem Gott seine Geschichte machen, heißt ihn tödlich verwunden. Trinität lebt und webt gegen die Aufhebung Gottes in seiner Geschichte: Geschichtslosigkeit und Geschichte werden durch den innertrinitarischen zeitlosen Prozeß aufgehoben: Ungrund, Doppelung und Wiedervereinigung Gottes.

Ist trinitarisches Wissen die Urform des generischen Wissens? Wohl nicht, denn hier bleibt – oder wird – die Genese durch die Einheit gebändigt. Ob sie wirklich gebändigt ist oder ob die Trinität nur ein Trick ist, die Zeitlosigkeit und die Veränderung in eins zu denken, hängt von der Entscheidung zwischen dem absoluten Begriff der Geschichte und dem der bekömmlichen Wahrheit, dem logischen Möchtegern, ab. Genese ohne Bändigung, ohne Gott, ist der absolute Begriff von Geschichte.

Die Trinität bindet das Böse. Denn das Böse ist der Schmerz, der bei der Trennung Gottes aus seinem Ungrund in seinen Gegenwurf (Sohn) entsteht. In der gegenseitigen Beschaulichkeit und Liebe Gottes, der in sich selbst trinitarisch lebt und webt, kommt das Böse nicht zur Existenz, zur Eigenständigkeit, zur Hypostase. Das Böse wird in der Trinität wegen der Dichte des selbstbeschaulichen trinitarischen Lebens (Böhme) und Liebens nicht sichtbar. In der Entzweiung des Ungrundes bleibt es als Schmerz der Trennung virtuell. Erst im Heraustreten der Schöpfung aus Gott gibt es auch die Möglichkeit, daß sich das Böse an etwas zeigt, das nicht Gott ist, als Eigenständigkeitstendenz der ἑτερότης, des Nicht-Göttlichen. Erst die Schöpfung macht das Böse als Faktum sichtbar. Es wird nur in seinem Ausgang aus der göttlichen Selbstkonstitution, die im absoluten Anfang und im Entgegenstellen gegen das Nichts wird, allererst denkbar. Sichtbar wird das Böse erst im Geheimnis der Entäußerung Gottes aus sich selbst in die Schöpfung.

Warum konvergieren Vernunft und Gutes im Gottesbegriff: Wenn Gott sich selbst in seinem Anderen zugewandt ist, dann ist Er sich selbst (absoluter Anfang) einziges und also höchstes Gut, weil einzig mögliches Gut. Dann ist die Einheit von Subjekt und Objekt, d. h. die Bedingung der Rationalität selbst der lebendige Akt der rationalen Selbsterkenntnis des Guten. Darin beruht der Sinn von »cur potius aliquid quam nihil«, darin beruht auch die Absolutheit des Guten, die in ihrer Trennung als Objekt auch den Keim des Bösen enthält.

Der Unterschied von Kabbala und christlicher Mystik besteht darin, daß die Kabbala kein innergöttliches Leben, das nicht zugleich Schöpfung wäre, zulassen kann. Denn innergöttliches Leben ist trinitarisch.

Nur das innertrinitarische Leben hat den Anspruch absoluter Autarkie. Alles, was über diese Einheit der Zweiheit hinausgeht, hat zwar – wegen der trinitarischen Abschottung – die Möglichkeit, sich als autark zu betrachten. Aber es vergißt dann, daß es nur in zweiter Potenz autark ist – und das heißt kontingent. Böse ist, mindestens in einem Sinn, der Autarkieanspruch kontingenter Wesen. In der Hypostasierung wird etwas böse.

44 Geschichten

Sind Geschichten Ersatz-Logik oder ist Logik Ersatz-Geschichte?

Alle Narrativisten haben etwas von Gnosis: Sie verlangen Einweihung und Initiation; und es gibt bei Geschichten kein Adiaphoron. In Geschichten fehlt eine andere als die sich offenbarende Tatsächlichkeit, es fehlt eine unabhängige Logik. Geschichten haben keine dritte, unabhängige »Stand«-Metaphysik. Δός μοι ποῦ στῶ!

Ein wunderbares Beispiel dafür ist die Valentinos-Darstellung bei Irenäus, Adversus Haereseos: Hier wird die Monopolgeschichte des Christentums polemisch gegen die Konkurrenzgeschichte der Gnostiker gestellt. Die Wahrheit des Christentums beruht dann lediglich auf einem rhetorisch lauter postulierten Anspruch.

Gnostische Gegenwelten generieren eine Ästhetik des größten Vor-stell-baren. Gnostische Geschichten haben die Maxime: quo majus imaginari nequit. Poetische Spannung und Spannweite können wohl aus gnostischer Angst entstehen. Sie sind vielleicht der Hinterhof des philosophisch bewältigten Göttlichen.

Nietzsches doppeldeutige Begriffe sind nur Symptom dafür, daß Leben und Geschichte für ihn manichäisch sind: Seine Begriffe repräsentieren das lebendige Leben und sind doch als Begriffe, als Festsetzungen des Lebens in der sublimierten Ressentiments-Existenz nur tote, ohnmächtige Symptome dessen, was unaussprechlich ist.

Was als Faktum erzählt wird, ist nicht begründungsfähig, also wissenschaftsungeeignet. Contra facta non valent argumenta.

Geschichten sind Örter des Wahrscheinlichen. Wahr im Sinne von begründet und begründbar können sie nicht sein, falsch deshalb ebensowenig. Geschichten sind nur im Anspruch faktisch, in ihrer Unbegründbarkeit phänomenal evident.

In der Religionsgeschichte geht es um Geschichten, die erzählt werden. Diese Geschichten haben den Reiz des Ästhetischen, durchaus doppeldeutig. Der Reiz des Ästhetischen liegt in der Sinnlichkeit, Sinnlichkeit heißt Realitätsanspruch. Geschichten werden erzählt mit dem Anspruch, es sei so gewesen. Dieser Anspruch einer Faktizität ist schlechterdings unüberbietbar. Keine Theorie kommt dagegen an, denn Begründungen sind immer sekundär; sei es, daß sie nach Grund und Folge, sei es, daß sie nach innerer Stimmigkeit und Kompossibilität festgesetzt werden, sie entziehen sich der Kausalität. Das gilt auch für elementare Mustergeschichten wie bei Böhmes und Schellings Weltgeschichten, das gilt für Schöpfung, Sündenfall und Erlösung.

Religiöse Geschichten haben performativen Charakter. Das »De te fabula narratur« ereignet sich dadurch, daß immer dieselbe Geschichte erzählt wird, die immer anderen Situationen typologisch Sinn gibt. Dieser performative Charakter von Geschichten ist die Bedingung dafür, daß Geschichten Kulte zeitigen.

Aitiologische, die Warum- und Wozu-Mythen, sind ganz unmythisch und inadäquat. Denn wenn erst »aus welchem Grund« und »zu welchem Zweck« gefragt wird, dann braucht nicht mehr erzählt zu werden. Erzählen verhindert die Frage nach dem warum.

An Geschichten kann man sich langfristig orientieren, ihre Struktur ist Genealogie, Entstehungslehre. Das Verhältnis zwischen der Geschichte und dem, der sie auf sich bezieht, ist typologisch. Etwas steht für etwas, behält den Anspruch, real zu sein, ist selbst kein Schein, sondern erzählte Realität. Das ist der Orientierungs-Sinn der Typologie: Eine reale, erzählte Geschichte steht für eine reale andere.

καὶ ὁ φιλόμυθος φιλόσοφός πως ἐστιν. (Aristoteles, Metaphysik). Auch der Freund von Geschichten ist irgendwie ein Freund von Weisheit.

Wenn die Wahrheit in der Geschichte liegt, ist sie nicht verfügbar. Aber was ist das für eine Wahrheit? Ist Wahrheit hier Heil? Poesie und Religion fallen in der Sinnlichkeit der Geschichte zusammen, weil Religion in der Geschichte sinnlich wird und als sinnliche Geschichte, als Mythos, als Muttersprache des menschlichen Geschlechts (Hamann, Aesthetica in Nuce) konkret und körperlich erzählt wird.

Semantische Spezifität von Religionsgeschichten: Religionsgeschichten verbinden Zeit, Sinn und Heil. Heilsgeschichten setzen Krankheit und Besserung voraus. Sinn in Religion ist Besserung – Heilung – mit der Zeit(-igung). Religionsgeschichten schließen Zeit ein und absolute Zeit aus: mit der

Ankunft des Heils endet die Zeit. Die ewige Seligkeit beschließt Geschichte und Geschichten.

Wie es absolute Begriffe gibt, gibt es auch absolute Geschichten. Absolute Geschichten haben einen doppelten Absolutheitsanspruch: den begründungsunbedürftigen Faktizitätsanspruch und den Monopolanspruch ihrer typologischen Weltinterpretation.

Zwischen absoluten Geschichten herrscht das Verhältnis von Bekehrung und Verrat, und die Alternativen sind noch rabiater als zwischen absoluten Begriffen: Auf Begrifflichkeit kann man verzichten zugunsten der anerkannten Faktizität von Geschichten. Wenn man aber auf Geschichten verzichten will, fällt man nicht automatisch in die Begrifflichkeit zurückt, sondern in eine Ersatzgeschichte. Das passiert notwendig, häufig, ohne daß man merkt, in welchem Interpretationsmonopol man gefangen ist. Deshalb ist Entscheidung zwischen Geschichten nachhaltiger und tiefgreifender als zwischen Begriffen. Deshalb ist auch der irrationale Versuch, Geschichten im Bereich der Adiaphora zu halten, um so nötiger: Die Adiaphora müssen auch vor dem Absolutheitsanspruch absoluter Geschichten gerettet werden. Dennoch muß der Glanz des Heils auch auf Adiaphora fallen. Aber läßt sich ohne Geschichten vom Heil – und das ist das Wesen des Absolutheitsanspruchs der Mustergeschichten mit Interpretationsmonopol – überhaupt leben?

Adiaphora sind unter den Bedingungen von Heilsgeschichte nur diejenigen Bereiche, wo der Glanz des Heils keine Entscheidung verlangt, wo es auch für Geschichten nicht darauf ankommt. Denn wo es darauf ankommt, muß man sich entscheiden: Und Heilsgeschichte ist allemal von der Entscheidung abhängig, daß man Teil dieser Geschichte sei. Eine solche Geschichte bekommt ihr Interpretationsmonopol durch die Entscheidung.

Utopien sind Pseudo-Geschichten am Rande von Begriffen. Nicht daß erzählt wird, ist bei ihnen wichtig, sondern das Ende der Zeit in einer begrifflich verfügbaren Ständigkeit. Sollte man nicht darüber nachdenken, ob beim permanenten Jammern über die nicht erreichten Utopien vielleicht begriffliche Ständigkeit als Geschichtsziel falsch ist, statt den Mißerfolg der utopischen Realisierung auf die Herrschaft, die Ökonomie oder anderes katechontisches Böse zu schieben? Vielleicht sind Begriffe für unterwegs bekömmlich, fürs Ende aber ungeeignet?

45 Genealogie

Die Genese der Genealogie. Wenn Sprache bis in ihre Struktur Geschichte hat, bis in die Grammatik, dann ist Geschichte die Herrin der Sprache, mithin auch der Logik. Ergebnis: man kann sich nur nachvollziehend der Geschichte anschmiegen. Das ist der Kern des Gegensatzes von systematisch und historisch, denn umgekehrt kann man nur unter der Bedingung der Stabilität der Grammatik sagen, die Logik funktioniere. Und Mathematik?

Genealogie: das Sein, dem es in seinem Sein unbemerkt um sein Sein geht.

Genealogie ist denunziatorisch: das, was sie als Theorie »festsetzt«, ist »eigentlich« Funktion der Genese. Genealogie hat immer auch Verkehrung an sich, Denunziation dessen, was anders geworden ist und wie es anders geworden ist. Die Phänomenologie will genau das vermeiden.

Grenzoperation *Ewige Wiederkehr, Posthistoire*: Die Beschleunigung der Veränderung macht die Veränderung nicht mehr genealogisch rekonstruierend wahrnehmbar und führt folglich zur Stillsetzung der Veränderung in Zeitlosigkeit und Gleichzeitigkeit. Hier hebt sich dann der Unterschied auf zwischen analytisch, konstruktiv und genealogisch.

Die Analytik ist deskriptiv ohne Zeitindex, die Synthese Konstruktion ohne Zeitindex, die Genealogie denunziatorisch durch Zeitindex.

Zeitfolge: »Erzählen« ist unter den Bedingungen der Geschichtlichkeit elementarer als Reflexion. Das ist die Verlaufsmetaphysik des Geschichtenerzählen

Er-zählen: Punkt für Punkt auf der Zeitlinie entlangfahren, Zeit werden lassen, indem kontinuierlich Fakten als Zahlen aufgezählt werden.

Die Genealogie ist der Vollzug des Historismus. Es handelt sich um die Aufhebung der Logik durch den Radikalbegriff der Geschichte.

Die entwicklungsgeschichtliche, die anthropologisch-biologische und philologisch-sprachgeschichtliche Variante der Genealogie stimmen in der Vorstellung des absoluten Begriffs von Geschichte überein, in ihrem Narrativismus und darin, daß wir Wahrheiten als Problembewältigungen fassen müssen, Wahrheit also auch selbst machen.

Mustergeschichten sind die Umbiegung der Logik in die Rhetorik. Die Nachzeitigkeit, die Zeit überhaupt in Theorien hebt den Satz vom Widerspruch auf.

Mustergeschichten mit Plausibilitätsanspruch haben typologische Kompetenz für viele Phänomene, die dann zu »Symptomen« einer »eigentlichen« Geschichte werden. Mustergeschichten sind Indiz der einen, eigentlichen Geschichte, die interpretatorischen Monopolanspruch hat. Umgekehrt ist Enzyklopädie dann eine Ansammlung von Symptomen ohne Geschichten.

Mustergeschichten machen Absolutes erzählbar: Der dadurch Beglückte fühlt sich im Möchtegern, seine Ästhetik ist intellektueller Epikuräismus in Heilsgeschichten.

Unterschied von: Diskursiv – Mustergeschichte.
Diskursivität ist die Not des begrenzten Denkens, die zeitlose Intuition zeitlich zu strecken. Zeit entsteht aus der Unfähigkeit zum Simultan-Denken, aus der Unfähigkeit zum Alles-auf-einmal.
Die Mustergeschichte dagegen ist Tugend, weil Zeit Konstituens ihres Gegenstandes ist. Nach-Erzählung ahmt mimetisch die Zeitlichkeit des Erzählten in der erzählenden Geschichte nach.

Mustergeschichten sind keine Modellgeschichten. Modellgeschichten sind Geschichten von Denkmodellen, beschreiben die Veränderung von Systemstellen. Mustergeschichten haben in sich eine zeitliche Verfassung, erzählen Verläufe, die elementarer als Systeme sind.

47 Messianismus

Messianismus ist die Geschichte vom Gottesleid, von der Einläßlichkeit Gottes auf die Menschen, von der Heiligung des menschlichen Leides durch Gottesleid. Messianismus ist die Geschichte von der Passivität Gottes, die Geschichte des unerklärlich Bedrückenden, das durch die Erniedrigung Gottes ins Äußerste von Gnade erfaßt werden kann: Gott und sein Gegenteil werden im Messianismus gleichermaßen sichtbar und unkenntlich. Dem entspricht die Gläubigkeit als menschliches Zittern. Es ist die bange Einläßlichkeit ans Unerkannte, Andere, Unberechenbare. Dieses Seelenzittern ist Leidensannahme, Leidensfähigkeit, Leidensgröße bis zur Selbstzerstörung der Seele.

Im Messianismus zeigt sich die Überzeugung durch das Kontrafaktische: Was sich im Verhohlenen und Verborgenen zeigt, die Gegenerzählung zum äußeren Schein, ist das, was sich eigentlich zeigt. Zugleich offenbart sich die Ohnmacht der Rationalität.

Der Messias ist denen, die nicht glauben, verborgen, und er wirkt nur in den Glaubenden. Deshalb sind messianische Schriften immer erst dann möglich, wenn das Ereignis der Erlösung schon vorbei ist, wenn die Gläubigen zum Glauben erlöst sind.

Die Dignität des Einzelnen ist Moment der Christologie. Diese Christologie ist selber das Eine, das erlösend Qualifizierende, der leidende Funke von Gottes Einheit in der Vielheit der Welt. Deshalb kann bei Jean Paul der Humor das Endliche vernichten und das Einzelne retten.

Es gibt nur eine Epoche: das ist die christologische Wende, danach gibt es erst wieder eine bei der Wiederkunft des

Herrn. Dazwischen sind alle Epochen nur wegen der Ordnungsbedürftigkeit unserer begrenzten Vernunft sinnvoll, die sich aber als »sachlich gerechtfertigt« aufspreizt.

Im messianischen Antinomismus bleibt auch dann, wenn kein Prophet mehr glaubt, noch die Glaubensmöglichkeit. Denn der Messias ist die Wahrheit als Person, und auch wenn er die verbirgt, bleibt er doch der Messias. Es gibt kein Drittes, kein Adiaphoron im Messianismus.

Der Messianismus ist die Probe auf die Erträglichkeit des Inkompossiblen, die erzwungene Entscheidung.

Der Messias ist der Beleg dafür, daß Logik (Gesetz) und Veränderung nicht zugleich existieren, daß Veränderung nur als Bruch denkbar ist. Wieso dann doch das Andere das Gleiche ist, warum der Erlöste derselbe bleibt wie der Unerlöste und doch anders wurde, bleibt das Geheimnis der Analogie.

Die »Logik« der Unlogik, daß die Wahrheit nicht als adiaphorisches Drittes, sondern im Messias erscheint, und zwar erst, wenn der Gläubige ein entschiedenes Zeugnis von der Messianität des Messias gibt, diese »Logik« macht Handeln wichtiger als Theorie. Zugleich entsteht das Dilemma des messianischen Sprungs: Die Einmaligkeit des Ereignisses verändert das Leben. Die entschiedene Einsicht ist nur Privilegierten, eben Gäubigen, zugänglich: Und nun wendet sich der Sinn des Lebens.

Daß Einsicht erst nach Entscheidung erfolgt, wandelt den Mächtigen zum Führer im Glauben. Politisches *Handeln* wird politische Theologie: Zeugenschaft ist erfordert, politische Gefolgschaft ist die Folge des logischen Wahrheitsdilemmas von Erlösungssituationen. Glaube und Wahrheit konvergieren personal und unüberprüfbar. Die personalisierte Wahrheit im Messianismus bringt den religiösen Nominalismus auf die Spitze.

Der Messias: die Wahrheit in Person, fordert Zeugen für die Wahrheit, die als Handeln, nicht als Einsicht sich zeigt; der messianische Zeuge ist Märtyrer und Überzeugungsprophet. Das Leben ist selbst Zeugnis; hinter der messianischen Wahrheit und ihrem Jünger gibt es keine dritte, wahrheitsgarantierende Instanz.

Auch der Messias selbst unterliegt der messianischen Personal-Wahrheit: Der Schrei »Mein Gott, mein Gott! Warum hast Du mich verlassen?« zitiert den Gott, der sich im Messias in seiner Herrlichkeit offenbaren soll, und sich noch in der Messianität verbirgt. Es ist die Versuchung Gottes durch den messianischen Gottesknecht am Kreuz, die Herrlichkeit des Herrn offenbar zu machen. Jesus versucht Gott, ebenso wie bei der Aussendung der zwölf Jünger (Matt. 10, 1-14, bzw. Markus 6, 7-13, Lukas 9, 1-6.).

Selbstverleugnung ist das Wesen des Gottes, der Erlösungsgott wird. Das Zim-Zum des kabbalistischen Gottes ist Selbstverbergung, jüdisches Symbol des Exils. (Scholem, Sabbatai Zwi.)

Fürs Judentum ist eine Rückumwertung bzw. Rückuminterpretation denkbar: Der christliche Messias färbt auf die jüdischen Hoffnungen und deren Messias ab, dergestalt, daß die immer aufs neue unerfüllte Hoffnung unerträglich wird und dann als gewesene neu aufleuchtet. Das ist der Grund der Pseudepigraphien und deren nachträglicher Heiligung, bis zu den offenen, eingestandenen Selbstbetrügereien, die deshalb auch nicht bereut werden müssen. Es ist das Möchtegern des Neuanfangs.

Kontrafaktischer Kitsch = Möchtegern. Der christliche Messianismus zeigt den Riß in der Menschheit, erlösungsbedürftig zu sein und die Wiederkunft des Herrn nicht abwarten zu können: Die Erlösung in Jesus Christus ist nur die Wende der Weltgeschichte, nicht ihr Ende. Diese Ungeduld wirkt im Sabbatianismus ins Judentum zurück.

48 Christentum

Die Geschichte des Christentums ist die Geschichte des toten Gottes, die Radikalgeschichte der Koinzidenz von Offenbarung und Verbergung. Diese vollkommene Verbergung verbirgt anders als der Gott, der als numinoses Gut-Böse erzittern macht, noch Seine Macht. Verhohlenheit enthält die Möglichkeit, sichtbaren Schrecken durch heimliche Liebe zu substituieren. Es ist der Gott, der durch seine Negation sich selbst offenbart: die Umkehrung der Heilsgeschichte in der unübertrefflich radikalen Selbstaufhebung, in der Erniedrigung des Erhabenen, in der Verbergung der Offenbarung. Um das zu verstehen, braucht es nur das Innesein in der Geschichte.

Die Mustergeschichte: Christentum ist Gnosis aus jüdischer Perspektive. Da Gott gut und die Welt gefallen ist, muß sich Gott auf die Welt in einem Erlösungsdrama einlassen und sich als Seine Entäußerung darstellen. Hier konvergieren die erste Hypostase (Sohn) und die Entäußerung aus Gott: die Welt. Deshalb ist der Sohn als Erlöser geeignet. Seine Entäußerung kann aber nur dann radikal sein, wenn er alles Göttliche ablegt und es in diesem Prozeß gerade bezeugt: Das ist der Sinn seines Todes, den Paulus radikal nachvollzogen hat. In dieser Radikalität hat die Muster-Heilsgeschichte des Christentums eine Dimension und eine Amplitude zwischen dem allmächtigen und toten Gott, die anderwärts nicht mehr erreicht wird.

Der Reiz des Christentums in seinem ästhetischen Rahmen liegt darin, daß der einzige, philosophisch unüberbietbare Gott sich mit uns einläßt bis zur radikalsten Entäußerung in seiner Sohnschaft. Das ist mit Polytheismus nicht zu beschreiben, denn der Monotheismus gewinnt hier einen doppelten Vorteil: 1. philosophische Gottesprädikation, 2. Evangelium.

Der selbstbewußte Gott und seine Prädikation als das Wahre, Gute, Schöne ist selbst vielleicht ein Gedanke, zu schön, um wahr zu sein. Er fällt damit aber in den Realitätsanspruch von erzählten Geschichten, die keinen logischen Wahrheitsanspruch dulden.

Evangelium als Trost – auch Erlösung – die kitschigste, weil human unheroischste, untragischste Geschichte. Humane Größe gibt es nicht, sondern die Kleinheit des Geschöpfs, das durch die Erlösung geheiligt wird. Darin liegt theologisch die Oszillation zwischen Faszinosum und Kitsch.
Tief sitzendes Moment des Christentums: daß nämlich das Heil aus dem Verborgenen – das ist politisch: von den Unterdrückten – komme. Das ist nicht nur Sklavenreligion, sondern auch der Aufgang eines spirituellen Lichts aus dem Dunkel.

Ist die Zumutung der Liebe, die Unvornehmheit, sich jedermann vor die Füße geworfen zu haben – ist das paulinische Interpretament des Kreuzestodes Christi nur das Verlöschen der Lebenszuwendung in absoluter Innerlichkeit? War es jene krankhafte Berührungsangst, die sich in der lebensfremden Bergpredigt äußerte und für die der Tod nur konsequent war? Verlöschen, Nichts, Nirwana? Darin läge die »Vornehmheit« Christi, sich eben nicht auf die Welt und das Leben eingelassen zu haben. Das ist Nietzsches Umkehrung der paulinischen Figur: Aus Liebe wird Zumutung, aus Entäußerung Gleichmacherei, aus Erniedrigung Berührungsangst, nicht Liebe, sondern Exhibitionismus. So entsteht Liebeszumutung, Unvornehmheit, Opfergesinnung.

Die Reichweite von Nietzsches Religionskritik/Nihilismus, das Absolute philosophisch zu bedenken, kann das Absolute nicht als göttlich, sondern nur als welt-menschlich bedenken: Als menschliches Projekt ist Gott von Beginn an tot und Christus nur die weltabgewandte Steigerung des hypersensiblen Priester-Schwächlings, die zur Selbstauflösung aus Narzißmus führt.

»Will kein Gott auf Erden sein, sind wir selber Götter.« Hegels spekulativer Karfreitag ist selbst nur Metapher der trostlosen Bemächtigung eines Heilsanspruchs. Gott ist nicht invenierbar, er offenbarte sich denn.

49 Glaube, Liebe

Akt des Glaubens. Glauben-Wollen ist wahrscheinlich sinnlos. Glauben muß intensional sein. Jemandem oder etwas glauben macht allein Sinn. Das heißt: fides qua creditur und fides quae creditur sind immer zirkulär.

Wenn es stimmt, daß Liebe als spontane Gegenseitigkeit die Möglichkeit bietet, über praktisch-solipsistische Pragmatik hinauszudenken, wie läßt sie sich institutionalisieren? Möglicherweise im Eingeständnis *der* Schwäche, die die Spaltung von Interesse und Liebe bis in die Seele hinein verursacht. Daß wir Liebe nur in der Verstrickung ins Interesse erfahren, ist Erbsündenfolge: und die ist wohl nur durch Kult, Sakrament und Gnade halb-wegs zu kompensieren. Dann ist Liebe leichter; ihre Spontaneität ist der Abglanz Gottes in den Menschen, trotz ihrer Verlorenheit. Was darin leuchtet, das ist der Reiz der Freiheit.

Nietzsches Nihilismus geht ja nicht nur gegen Platonismus, sondern auch gegen die paulinische Aufhebung des Platonismus im Glauben und die spiritualisierte, dialektische Christologie des Römerbriefs: Nur wer glaubt, kann einsehen; Πνεῦμα ist Voraussetzung von Πίστις und Evangelium. Wenn solche Initiationsvoraussetzungen bestehen, läßt sich nicht mehr rational argumentieren. Hier ist Entscheidung zum Glauben (die als Gnade nicht einmal mehr verantwortet ist) die Voraussetzung für Einsicht. Paulinische, Augustinische und Lutherische Gnadentheologie ist das spirituelle Muster jedes vor die Rationalität gespannten Dezisionismus.

Wie sollte man gegen Nietzsche, Luther, Augustin, Paulus *argumentieren*? Rationalität ist der Gnade und der Natur gegenüber sekundär. Das im Evangelium aufgehobene Gesetz, die in der Gnade aufgehobene, berechenbare göttliche Gerechtigkeit und die in der Geschichte aufgehobene Rationalität, lassen nur Gefolgschaft zu. Hilft die Liebe? Amour pur, die Liebe, die nicht auf das eigene Heil, sondern auf den Geliebten sieht, Freude an der Existenz des andern, nicht die Sorge ums eigene Heil, macht die geistliche Gelassenheit aus, die am Ende sogar religiöse Adiaphora wie Metaphysik ermöglicht (Friedrich von Spee, Fénelon).

Zumutung der Liebe. Der Gott, der sich aus Liebe herabläßt, muß sich verbergen. Der verborgene Gott zeigt sich eo ipso nicht, keine Epiphanie, keine mythisch unmittelbare Evidenz, er muß folglich geglaubt werden, ein Anspruch, der vorher gar nicht gestellt wurde. Jetzt wird wirklich von

Glaubenden etwas verlangt. Ein Gott, der offenbar ist, ist leicht zu akzeptieren. Der Gott, der sich bis zum Tod erniedrigt – und das ist ein gewaltiger Grad an Zumutung, ein gewaltiger Grad der Herrschaft des Begriffs Liebe über den alten Gott – kann nur noch geglaubt werden. Anders ist Er in seiner Verborgenheit gar nicht identifizierbar.

Die Dialektik Seiner Verborgenheit: Wenn Er liebt, muß Er sich erniedrigen. Wenn Er sich erniedrigt, hat Er keine Epiphanie mehr, gibt es keine erhabene Evidenz mehr: Es ist die Auflösung der mythischen Phänomenologie in Dogmatik. So wird alles Niedrige zum Signum Gottes. Seine größte Liebe macht die Offenbarung unsichtbar. So entsteht der Zirkel für den Gläubigen: Man muß das Kleine als das Signum Gottes betrachten, und dann ist nur noch das Niedrigste das Signum des Höchsten.

Aber genau das sind die Zumutungen, die Aufdringlichkeiten der Liebe, die sanften Zumutungen, als Liebender akzeptiert zu sein, den andern in den Bann der Liebe zu ziehen. Denn diese Liebe polarisiert: Alles muß lieben, und der, der nicht liebt, will – so die ideologische Falle der Liebe – nur herrschen. So aber herrscht die Liebe, die das Große verkleinert und das Kleine anhebt zur gleichmacherischen Mickrigkeit. Und wo bleibt die Distanz? Wo bleibt die Vornehmheit als Abbild des Erhabenen? Wo bleibt die Souveränität?

Die devote Liebe geht auf Gegenseitigkeit; das Muster bietet Pascal. Der Tod als die höchste Akzeptanz der Größe Gottes »la creature rend à Dieu tout l'hommage dont elle est capable en s'annéantissant devant les yeux de sa majesté d'en adorant sa souveraine existence«. (Pascal, Lettre à Madame Perrier et son Mari) Die Zumutung der Liebe ist Unterwerfung: »Dafern mein Will ist tot, so muß Gott, was ich will.« (Angelus

Silesius) Diese Devotion erzwingt Liebe, denn Liebe darf nur mit Liebe erwidert werden. In dieser Zumutung liegt die sündhafte Verschränkung von Liebe und Interesse. Der Glaube an die Liebe Gottes macht die eigene Devotion reich und verlangt vom Liebes-Gott viel mehr als die Offenbarung Seiner Herrlichkeit: Er verlangt das Heil des Liebend-Devoten. Nur der Glaube an die Liebe Gottes ermöglicht die Hoffnung auf Rettung durch die Gnade seiner Souveränität. Das ist ein Extremenkalkül, theologischer Radikalismus.

Wie kommt man vom Gehorsam zum Glauben? Der offenbare Machtgott verlangt Gehorsam, der verborgene Liebesgott kann nur in der Verborgenheit akzeptiert werden, in der Hoffnung, daß dieser Zirkel – er sei verborgen, aber doch nah – stimmt. Der Liebesgott überwältigt nicht, er erlöst.

Liebesgott: In der Epiphanie Platonisierung: Offenbarung transmundaner Herrlichkeit; in der Verborgenheit Christianisierung: Verbergung als Erlösung. Vielleicht ist es die Verborgenheit, die es möglich macht, daß die erzählte, sinnliche Realität des Möchtegern glaub-würdiger erscheint als alle logischen Begründungsmöglichkeiten.

Der Gott, der sich verbirgt aus Liebe, darf sich so weit nicht verbergen, daß seine Liebe dadurch unwirksam, nicht mehr fühlbar würde. Deshalb – er muß sich auch zeigen, die Herrlichkeit muß im Verborgenen sichtbar werden. »Wir preisen Dich, Vater, daß Du dies den Kleinen offenbart und den Großen verborgen hast«. Das rechtfertigt den Kultus als Lobpreis Gottes. Denn nicht muß das Privatvergnügen der Rechtfertigung sichtbar werden, sondern die Ehre Gottes ist im Kult zu zeigen.

Gegen die Individualisierung und Innerlichkeit, Personalisierung der Religion: Kirche, mit dem doppelten Auftrag: Kult macht den verborgenen Gott, solange er verborgen ist, sichtbar. Kult ist menschlich, nur Menschen können den aus Liebe verborgenen Gott sichtbar machen. Deshalb, ad maiorem Dei gloriam, nicht als Rechtfertigung des Menschen ist Kult die Möglichkeit der Gotteskindschaft. Die Individualisierung der Rechtfertigung ist egoistisch.

Glaube an den verborgenen Gott ist Gnade, nur Glaube rechtfertigt. Aber: Nicht nur die Verborgenheit Gottes in Christus, sondern der Glaube an seine Auferstehung, der ganz kontrarationale Glaube, macht uns selbst zu Teilhabern am Leben Christi, die Zumutung des Glaubens ist der Grund der Rechtfertigung. Damit wird die Erniedrigung Gottes zum Opfer – und der unverdiente Lohn des Opfers ist unsere Teilnahme an der ewigen Herrlichkeit.

Entsubstantialisierung des Personen- und Menschenbegriffs durch Rechtfertigung. Rechtfertigung ist nur möglich, wenn absolute Kontingenz vorausgesetzt ist, wenn alles letztlich von Gott abhängt. Wenn so die Geschöpflichkeit radikalisiert wird – und das ist Voraussetzung des Glaubens –, dann ist die Substantialität des Menschen immer konkupiszent, denn sie sieht *sich* an, nicht Gott. Luther: »Non potest homo naturaliter velle Deum esse Deum. Immo vellet se esse Deum et Deum non esse Deum.« Es gibt deshalb keine Freiheit und keine Anthropologie, weil es keine Substantialität des Menschen gibt.

Die jesuitische Theologie kompensiert die fehlende Rechtfertigungslehre durch Liebesmystik und Mitleidsdramatik. Die Liebe – Zeichen der Freiheit, weil Spontaneität – bewirkt deshalb die Gnade ohne Sakramente (Spee).

Die Theologie spitzt die Subjektivität auf sich selbst: Beichte, Sünde, Selbstbeobachtung, Gottverhältnis: Spee, Pascal, Angelus Silesius. Selbstbeobachtung steigert die Sensibilité. So kann auch das Äußere, zumal die Produkte der Kunst, Gegenstand der Sensibilité werden. Die Kunstempfindlichkeit folgt der geistlichen Sensibilitätsgeschichte.

Dabei wird das Ich auch zur Selbstinszenierung getrieben, möglicherweise, weil das mystische Gottverhältnis à la longue unerträglich wird. Gnadenerlebnisse, Sündendruck und Gewissensbetrachtung führen zu pneumatogenen Neurosen: Am Ende wirbelt – Selbstinszenierung – die Subjektivität um sich selbst.

50 Kirche

Als die Kultverwaltung des verborgenen Gottes ist Kirche zugleich der Katechont des jüngsten Gerichts. Kirche ist eine theologisch im höchsten Maße zweideutige Institution: Wegen der Verborgenheit Gottes ist Kirche *die* menschliche Institution, Gott verherrlichen zu können. Die Wiederkunft des Herrn, deren Zeichen ungewiß sind, Seine endliche Offenbarung müßte die Institution zu Seiner Ehre düpieren, ja zutiefst zerstören. Deshalb, weil Kirche Institution ist und auf Selbsterhaltung aus, kann ihre Bitte um die Wiederkunft des Herrn nur geheuchelt sein. Denn Kirche verherrlicht Gott und hält dadurch seine Wiederkunft auf.

In der Erniedrigung durch die christologische Offenbarung gibt Gott sein Geschick »in unsere Hände«, d. i. in die kirchliche Offenbarungs- und Kultverwaltung. Wenn die amtliche Reaktion auf die Gnade in der verwalteten Beantwortung der Liebe besteht, setzt das zugleich Emphasen außerkirchlicher Spiritualität frei.

Rhetorisch – philosophisch – psychologische Glaubwürdigkeit und Kredit hängen damit zusammen, daß die Botschaft als Dienst auftritt: Ausschaltung von persönlichen Interessen. Der Vorteil der Religion: Dienst, deshalb uninteressiert und nicht von dieser Welt.

Offenbarungs-Religion, nicht von dieser Welt, nicht den dauernden Veränderungen der Welt unterworfen, nicht verantwortet, deshalb von menschlichem Urteil, von der Psychologie der menschlichen Verantwortung unabhängig, ist gerade deshalb immun gegen Skepsis. Religion ist stabil, weil sie nicht weltlich ist, glaubwürdig, weil sie nicht von interessegeleiteter menschlicher Selbstverantwortung abhängt, sie ist Dienst. So braucht Religion wegen der Konvergenz von Stabilitätswunsch und Dienst kein anderes Zeugnis als das Handeln. Ihre Interessenlosigkeit ist ihr Möchtegern und zugleich ihr Stabilisator. Ein Verhältnis zur »Welt«, das zu schön ist, um im weltlichen Sinne wahr zu sein.

Die Zumutungen des Mythos, der schrecklich schönen Erzählung, werden durch Sakrament und Dogma verwaltungsgeeignet. Der Schrecküberschuß, der unverwaltet bleibt, erscheint in Metamorphosen: als Spiritualisierung, Moralisierung und Religionskritik.

Die eigentliche Leistung Voltaires ist die Diskreditierung der Theologie als inhuman. Seine Gleichung: Syllogismus = Scheiterhaufen. Theologie-wissenschaftliche Bewältigung des Evangeliums – wird als Anmaßung in theoreticis, Gott in die Karten zu schauen, diskreditiert. Voltaires Gegen-Argument: Skepsis aus Devotion. Das ist eine religionsskeptisch wohlfeile Attitude, die Emanzipation als affektierte Bescheidenheit verkauft.

Der Vorwurf gegen die Theologie, sie sei theoretisch und damit unfromm, widerspricht der Selbstdefinition der Theologie als praktischer Wissenschaft. Aber diese Polemik hat zwei Emanzipationsvorteile: 1. Sie vindiziert die praktische Philosophie der emanzipatorischen Aufklärung und trennt sie von der Pietät. Die menschliche Praxis ist das einzige, was für uns – amour propre – möglich ist. Cultivons notre jardin. Dieser amour propre ist human, dergestalt, daß er unterstellt, Vernunft sei spezifisch menschlich und reiche nur fürs Praktische zu. 2. Voltaires Polemik diskreditiert die theoretische Theologie als Wort- und Sinnklauberei zugunsten einer einfachen deistischen Metaphysik, die ihrerseits praktisch begründet ist. Das ist der Sinn von Voltaires Gottesbeweis: Wenn es Gott nicht gäbe, müßte man Ihn erfinden. So werden Theologie, Metaphysik und Praxis gespalten. Die Theologie ist das Areal für Kirche, Dogmatik und Scheiterhaufen. Die freien Bereiche: Metaphysik und praktische Philosophie sind Beute der Emanzipation.

Syllogisme et bûcher. Emanzipation wird sinnvoll, wenn Theologie unmenschlich wird. So muß Theologie als »kalte« Theorie, als eo ipso trostlos erscheinen. Wird die kalte theologische Metaphysik rechtsförmig verwaltet (»Lehramt«), so können die Folgen der ungerechtfertigten Metaphysik als Konsequenzenmachereien, als Machtsprüche der kirchlichen Behörden beschrieben werden. Und dann ist »Inquisition« die Folge. Ernest Renan – möglicherweise im Anschluß an Voltaire – hat das »Syllogisme et bûcher« genannt. (Renan, Averroes: Les Dominicains présentent a l'héterodoxie la rude guèrre du syllogisme et du bûcher.) Kirche ist dann als Rechtsinstitution diskreditiert, zugleich die theologische Metaphysik als unmenschlich. Denn die kirchliche Theologie fordert die Akzeptierung von Dogmen, die für den aufgeklärten Optimismus unerträglich sind, weil sie Gott die Ehre geben auch auf Kosten der aufgeklärt-emphatischen Menschlichkeit.

51 Locus amoenus

Introite, nam et heic Dii sunt. (Bei Lessing)

Der Schreck des gut-bösen Anfangs ist auch der Beginn des Schön-Häßlichen: Das Numinose zeigt sich als Grundlage der platonisierenden Einheit des Wahr-Gut-Schönen und erweist sich auch als ihr Gegensatz. Numinoses zeigt sich als un- und vor-begrifflich, – und als höchste erfahrene Realität.

Konstanz des Ästhetischen und der Reiz des Sinnlichen: Wenn Namen-Geben und Geschichten-Erzählen das Unbenennbare bannt – als Mythos und Genealogie – damit ordnungsbildend ist, dann ist diese elementare Ordnungsleistung nicht das Ästhetische. Es ist allein das Durchscheinen des Unsagbaren, das durch die Ordnung schön-häßlich hindurchdringt. Daß es so sei, muß als Realität akzeptiert werden; es ist das Wesen des Scheins, daß in ihm etwas evident wird. Sein Wesen ist das Prahlen mit seiner Realität. Die Erscheinung will ertragen, gelassen werden. Wird von ihr berichtet, bleibt der Realitätsanspruch erzählten Scheins, sei er theophanisch und affirmativ, sei er nihilistisch und verborgen.

Erscheint der Schein als das, was zum Ereignis wird, kann ein »heilig glühend Herz« (Hölderlin) sich an seinem Glanz entzünden. Aber: »Hast du nicht alles selbst vollendet, heilig glühend Herz?« (Goethe). Welche Glut glüht da? Erweist sich der Schein als geborgtes Prahlen, das Heil und das Heilige als Pose, wird das Glutherz zum Aschenherz? (Jean Paul)

Verkehrte Kunst, gelogener Schein ist selbsterzeugter, nicht wahrgenommener Schein, in der Pirouette des Selbstbezugs heißgelaufene Subjektivität.

Poetisch ist nie nur etwas an uns selbst. Das ist die Fichteanische Erbsünde. Es gilt: Non nisi de supra.

Kunst ist Abglanz des Göttlichen, immer mit der Angst verbunden, ihr Möchtegern könnte zerplatzen, könnte sich als verkehrt herausstellen. Dann zeigt sich das Nichts statt der Erlösung.

Loci amoeni existieren nicht für Ahnungslose.

Locus communis und Locus amoenus. In der Topik ist Poesie der Locus amoenus oder der Locus damnatus, der begnadete und der verfluchte Ort. Begnadigungsorte: Dante, Eingang zum Paradies, Goethes Ilmenau, Stifters Garten im Nachsommer, Verfluchte Orte: Kafkas Strafkolonie, Poes Mahlstrom, Jüngers Wäldchen 125 und Auschwitz.

Kunst, quälend schön: Odysseus am Mast.
Wenn die Ästhetik, das Schaudern am Schrecklich-Faszinosen hängt, an der Doppeldeutigkeit des kriegerisch-schrecklich Erhabenen, wenn also Schaudern, Zittern die psychische Voraussetzung der Ästhetik der Größe ist und der Tragik: dann dürfte Weinerlichkeit der Trost sein, der aus der Ästhetik des Friedlichen, des Kitsches kommt.

21.7.91 Am Kickelhahn: Sieht man sich, wie ich es hier und heute tue, eine Bergwiese an, gerahmt von Bäumen, dann ist es sinnlos zu sagen, sie sei, wie alles »Naturschöne«, konstruiert, ex post erschlossen. Sie ist – und zwar evident – gleichzeitig. In dieser Gleichzeitigkeit ist sie der Glanz Gottes, dem alle Schönheit zugleich ist. Die konstruierende Analyse macht sie nachzeitig, zerstört den Glanz.

Der Historismus macht uns weis, es sei die Vergangenheit gewesen, wo sich die Götter gezeigt hätten. Poesie zeigt das

Gegenteil. Das Konkrete muß jetzt zur Poesie werden! Im Ästhetischen – und nur hier – gilt die ewige Gegenwart. Es kommt darauf an, daß hier und jetzt Gott und Götter sind.

Ästhetik lebt in der Angst, die Götter seien nicht mehr da. Das Ausbleiben des Tremendum und Fascinosum ist die dunkle Nacht des Bösen. Und selbst wenn sich das schrecklich Schöne zeigt, bleibt es doppeldeutig. Das Ästhetische hat eben auch etwas von der beängstigenden Faszination des Bösen: Der Schein ist nicht die Wahrheit; Tod und Selbstauflösung sind das Ende der Empfänglichkeit.

Ohne Gott/Göttliches, sei es im schmerzlichen Verlust oder in der glücklichen Anwesenheit, gibt es keine Poesie, keine herausgehobenen, anderen, symbolisch zusammenfallenden Momente. Die Heraushebung ist selbst Göttern.

Goethe, in der Höhle am Kickelhahn:
»Was ich leugnend gestehe und offenbarend verberge,
ist mir das einzige Wohl, bleibt mir ein reichlicher
Schatz.
Ich vertrau es dem Felsen, damit der Einsame rathe,
was in der Einsamkeit mich, was in der Welt mich
beglückt.«

Ver erat aeternum, placidique tepentibus auris
Mulcebant zephiri natos sine semine flores.
Mox etiam fruges tellus inarata ferebat,
Nec renovatus ager gravidis canebat artistis;
Flumina iam lactis, iam flumina nectaris ibant,
Flavaque de viridi stillabant ilice mella.
(Ovid)

Die Spannung, daß Götter da sind oder daß sie ausbleiben, ist der poetische Sinn. Zwischen Nihilismus und Göttern liegen die poetischen Örter, das ist ihre Amplitude, ihre Ausdehnung, die die Poesie ausmacht. Solche poetischen Topoi sind heimliche und unheimliche Örter. Poesie ist in ihrem Schein eben nicht gesellschaftlich, sondern vom Göttlichen abhängig. Es weht, wo es will.

»Wiederkehr des Mythos« sagt nicht genug über das Ästhetische. Denn hinter dem Mythos, hinter dem Erzählten ist der Schein dessen, das das Schöne ausmachen kann. Es gehört die Poesie dazu, wenn der Mythos leuchten soll.

Poesie ist nicht eindeutig. Ihr zerbrechlicher Schein webt zwischen der Erwartung, das Göttliche zeige sich, und der Angst davor, daß gar nichts sei. Deshalb, damit es »Poesie«, ποίησις werde, entsteht die poetische Struktur, das poetische Weben (»Dichten«). Poetisches Weben ist das Werden der poetischen Struktur.

Das Weben des Göttlichen vollzieht sich in Poesie und Mythos, es zeigt seinen gesponnenen, funkelnden Schein. Es scheint auf wie Spinnweben im Morgentau. Aber das Göttliche ist nicht das Mythische. Deshalb gibt es keine Wiederkehr des Mythos, sondern im Glücks- und Unglücksfall die Anwesenheit des Göttlichen. Denn der Mythos ist der Versuch des Menschen, das Göttliche zu bannen, der Mythos ist nicht selbst das Göttliche. Erst aus dem Zittern des Ereignisses folgt das Weben zur Struktur von Poesie und Mythos. Das ist zugleich die poetische Strukturierung – Verwebung – des Unsagbaren.

Die poetische Zweideutigkeit muß von der Zweideutigkeit der menschlichen Not, ihrer Sinnlosigkeit unterschieden sein. Vielleicht ist Poesie ein verzweifeltes Spiel mit der

Zwei-Deutigkeit, entstanden aus dem Wunsch, daß Ein-Deutigkeit (wahr, gut, schön) nicht nur denkbar, sondern erfahrbar sein müßte?

52 Schläft ein Lied

Tantum dic verbo, et sanabitur anima mea.

Was heißt, zu schön, um wahr zu sein? Ist ein solcher Satz selber wahr?

Die Seele des Topos. Es wäre schön, wenn man Sinn nicht machen müßte, sondern fände. Das wäre der Sinn des Ästhetischen, der der Abglanz des Göttlichen ist. Dann läge im Vorgefundenen der Glanz der Schöpfung. Das Vorgefundene wäre das Gegebene. Sein Sinn: Es wäre das göttliche Wort, das Wort, das gesprochen wurde, damit werde, was wurde. Wenn etwas seinen Sinn bekam, dann dadurch, daß es in sich seine geheimnisvolle Einheit enthielt, sein Zauberwort, seine Signatur, seinen geheimen Namen.

Das Wort, das den Namen von poetischen Dingen, den Rang von Kunstwerken, die Erhabenheit des Vorfindlichen, das den Glanz von innen ausmacht, ist das Wort, das etwas aus dem Nichts ruft, das schaffende Wort. Dergestalt schuf Gott am Anfang – und dergestalt inveniert der Künstler das, was geschaffen ist, in Analogie zum göttlichen Wort. Er schafft nur in sekundärer Potenz. Denn das Göttliche Wort, das die Schöpfung durch den Namen zum Leben bringt, beschreibt nicht, ist nicht Zeichen des Bezeichneten, es ist die den Dingen innewohnende raison d'être. Dieses Wort ist reifizierend, existiturierend (Leibniz), es ist das Bild der innergöttlichen Vorstellung, es ist Musik, es ist als göttliche Entäußerung ein geflügeltes Wort, und es ist vox.

Das Wort ist die Bedingung des Sinnkontinuums der Welt, der Schutz vor dem Horror vacui sensus, vor dem Raum der Sinnlosigkeit, es ist die Bedingung von Sphärenharmonie, Bildersinn, emblematischer und logischer Semantik. Dergestalt ist es ein Zauberwort, ein wirkendes Wort, dessen Wirkung wir uns analog vorstellen können: Jeder Befehl, jeder Gehorsam zeigt das wirkende Wort. So ist durch das Wort alles geworden, und nichts, was geworden ist, wurde ohne das Wort. Wenn es in den Dingen schliefe, ein Wunsch, aufs innigste zu wünschen?

Das Lied, das in den Dingen schläft, ist doppeldeutig: entweder eine tröstliche Melodie oder garstig: Entweder ist es die göttliche Sprache (Theodizee) oder Gottverlorenheit und die Sinnlosigkeit des Suchens wie im Schloß bei Kafka.

Eine poetische Welt ist der Versuch, im Sinnkontinuum Bezüge zu sehen, deren Bedeutung über die psychoanalytische, individuelle Sinnkonstitution hinaus Bedeutung hat. Bedeutung dürfte nicht Begriffsherrschaft sein. Bedeutung wäre also die Hoffnung, daß in dem, was bei uns Spuren hinterläßt, etwas ist, über das wir keine Macht haben, das wir aber evozieren könnten, wenn wir eine Ahnung vom Zauberwort hätten.

Voraussetzung: poetische Gelassenheit. Da nämlich schläft das Lied in den Dingen. Das Lied, das in den Dingen schläft, ist dasjenige, das wir wachrufen können, wenn wir das Zauberwort treffen. Aber das Zauberwort ist das poetisch Unverfügbare, ein Geheimnis. Sonst wäre das Ästhetische ins Technische auflösbar. Poetische Welten sind keine verfügbaren Welten. Nicht verfügbare Welten haben ein Geheimnis. Das Geheimnis, das sich zeigen kann, ist der Sinn hinter dem verfügbaren, machbaren Sinn. Einen Sinn hinter einem selbst-gemachten Sinn suchen, immer in der Angst, man fände ihn nicht, es gäbe gar keinen, das ist Aufgabe und Not der Kunst. Das ist ihr Risiko, das ist der Sinn ihres Möchtegern.

Dagegen steht die Welt des Möchtegern. Gibt es für die Topik der poetischen Welt den Bereich, in dem das Schöne und das Gute, fein neuplatonisch, zusammenfallen? Den Bereich, wo es gut endet? Das ist Kitsch: durch viele Veränderungen hindurch kriegt das arme Mädchen, das ahnend unbewußt natürlich Königstochter ist, ihren Prinzen, der das immer schon genau gewußt hat. Die Struktur solcher Kitschverhältnisse ist ungeheuer stabil. Sie reicht von den Schäfergeschichten der Antike bis zu den »Bastei«-Romanen heute. Wie sollten wir die Kraft dieser Illusion unterschätzen! Und worin liegt ihre Kraft? Darin, daß nur unter den Bedingungen des Möchtegern ethisch und poetisch zugleich argumentiert werden kann, daß also das Gute wirk-lich, als wirkend erlebt werden kann. Das ist für die Ethik ein unentbehrlicher Anspruch: daß das Gute getan werden muß, daß das Gute wirk-lich ist oder wirk-lich wird.

Kitsch ist immer schon entlastet: Entlastet vom Leid des Ursprungsschrecks, schon zur Theodizee-Welt erlöst.

Was ist eigentlich das Wahre am Möchtegern: Das Möchtegern hat seine Wahrheit nicht in der Realität, sondern im Wunsch. Das Wahre und das Gewünschte fallen zusammen. Wenn das Gute zugleich das Gewünschte ist, dasjenige, was man gerne hätte, dann ist das Gute das Wünschenswerte, das was man Wert nennt. Dieser Wert darf, obwohl gewünscht, nicht gemacht sein. Er muß geschehen. Derlei heißt Glück. Auch Glück ist für die Topik einer unverfügbaren Welt unentbehrlich.

53 Will kein Gott auf Erden sein

Das Risiko der Kunst: daß der Sinn des Erinnerten sich als unbekömmlich erweist. Es kann sein, daß dasjenige, was wir finden, für uns eine schreckliche Wahrheit ist. Das beste Muster dafür ist Nietzsches »Geburt der Tragödie«. Da wird behauptet, dasjenige, was man fände, sei für uns nicht erträglich. Die Unerträglichkeit provoziere deshalb so etwas wie ein trotziges Heldentum des Ertragens, wobei das Zerbrechen am Unerträglichen den eigentlichen Sinn der poetischen (= tragischen) Welt ausmache. Dieses Risiko muß poetisch in Kauf genommen werden: Was man findet, weiß man eben nicht. Noch schlimmer kann es sein, wenn sich der Held nur als Jämmerling im Sinnlosen wiederfindet. So läßt sich Kafkas »Schloß« lesen: Der Versuch, etwas zu finden, das sich einem, indem man es findet, immer wieder entzieht, führt zur Vorstellung eines sinnlosen Sich-Entwerfens, eines sinnlosen Suchens, und noch die Kraft der Tragik fällt aus. Warten auf Godot ist das Risiko eines Suchens nach dem Lied in allen Dingen. Aber wenn ein Sinn zu finden wäre, wenn man auf den Heroismus, alles machen zu wollen, verzichten könnte, gehört das in die Kategorie des »Zu schön, um wahr zu sein«? Es fragt sich, ob eine solche Frage nicht selbst schon von der Angst gezeichnet ist, daß man nichts finden könnte? Wieso eigentlich? Woher wissen wir, daß das Wahre und das Schöne auseinanderfallen? Heißt *zu schön, um wahr zu sein* wirklich auch *zu wahr um schön zu sein*?

Wenn Poesie die Muttersprache des menschlichen Geschlechts ist, ist die Bibel eben auch nur Poesie. Das Schöne wandert von den Prädikaten Gottes zur Ästhetik der Dinge. Geht der vorgängige Sinn der Schöpfung verloren, will kein Gott auf Erden sein, erwächst das Schöne in der Ästhetik nur noch aus den eingebildeten Aspekten des zuschauenden Interpreten. Ist dann nicht nur noch das Bedürfnis, d.h. die verlorene Stelle der Theologie angehimmelt, affektiert und geliebt? Ist das Schöne die leere Hülse des Heiligen? Heulen wir das Schöne oder Häßliche an, wie die Hunde den Mond ohne Hoffnung auf Antwort? Ist das amour pur ohne Theologie? Und ist das Häßliche dann noch einmal die Parodie der leeren Maske des Schönen?

Winckelmann hat Unrecht: Kunst ist keineswegs im Wesen demokratisch. Das zeigen die Kirchen in Venedig. Was braucht man: Viele Generationen (mindestens drei zum Aufbauen) bis Bellini, danach Institutionen. Am besten sind kultische Institutionen, denn die sind am stabilsten. Unter diesen Bedingungen, unter den Bedingungen von Kirche, ist Kunst nicht human, sondern die Humanität ist dem Kult durch Kunst dienbar gemacht. Und dann: gleichmäßig viel Geld. So wird im 16. Jahrhundert eine Kirche auf Kunstfüllung hin gebaut, die noch im 18. Jahrhundert nach demselben Grundprogramm ausgemalt wird.

Ohne Kult gibt es nur »Kunst am Bau«, staatliche oder private Kunst. Das zeigt sich am Verfall der Malerei und der geistlichen Baukunst nach der Reformation in den protestantischen Gebieten. Dem steht eine Konjunktur des Worts, der Wortkunst gegenüber. Bildende Kunst verhindert möglicherweise Wort- und Innerlichkeitskunst, fördert Panegyrik.

Der Begriffs- und Konzeptionskult des Neuen, die permanente kategorische Avantgarde, ist der Tod der großen Kunst, denn am Ende bleibt nur die leere Spontaneität seelenlosen Ausdrucks.

MÖCHTEGERN II: TUN

54 Das Gut-Schöne

Moral: Bereich der Möchtegern-Rationalität.

Es gibt einen unüberholbaren Unterschied zwischen Möchtegern und Vorgefundenem: Möchtegern ist willens- und damit personabhängig. Das Vorgefundene ist uns gegenüber gleichgültig.

Muß man denken, was man nicht gerne denkt? Wenn man nur denkt, was man gern denkt, was erträglich und bekömmlich scheint, kann man sich »zu sich bekennen«. Es ist die Komödianten-Ansicht vom Happy-End der Wahrhaftigkeit. Man glaubt zugleich Herr seiner Begriffe zu sein, oder – mindestens – sich seiner Begriffe bemächtigen zu können. Dann, im letzten Fall, »setzt« man Begriffe: Das ist ein Bemächtigungsakt an der Erfahrung, zugleich ein Konturierungsakt der Zukunft.

Weder Vernunft noch Geschichte noch Natur sind notwendig human, bekömmlich. Wenn sie es sind, ist das ein Glücksfall.

Kann man es gehen lassen, alles, wie es will? Ist Begriffsquietismus nicht verantwortungslos, weil die zentrale Frage der menschlichen Rationalitäts-Gleichheit, die Frage nach dem »Warum« nicht beantwortet werden kann? Gibt es eine Möglichkeit, hinter die sprachliche Semantik zu kommen, um sie fürs Glück bestimmen zu können? Und was fände man da? Das Sein? Das Sollen? Und wäre ein solches »Dahinterkommen« eigentlich und autonom? Konstituiert dieser autonome Sprachgehorsam Person?

Die Rationalität tanzt mit Schmetterlingsflügeln im Sonnenschein des Optimismus.

Der semantische Epikuräismus ist keineswegs gleichgültig: Es gibt Möglichkeiten, das Wünschbare, Orientierende, Phantastische, aber auch den Bereich des Optimistischen, wo das Möchtegern mit der Rationalität verbunden werden sollte: Aber das setzt die Konvergenz von Macht und Gutem voraus, genau das Leibnizsche Wolkenkuckucksheim.

Das ganze Leibnizsche Wolkenkuckucksheim ist zu gutschön, als daß es der Grammatik und der Kritik geopfert werden sollte. Denn ein solcher semantischer Epikuräismus reduziert nicht den Kompetenzbereich von Philosophie, er ermöglicht Moral.

Sekundäre theologische Begriffe: Interaktionserfahrung, nicht nivellierende Gleichheit, Freiheit, Personalität, zukunftsorientierte Begrifflichkeit, Gemeinsamkeit ohne Tauschzwang (Habermas), solche »Intuitionen« scheinen mir sekundäre Begriffe aus dem Bereich des Möchtegern. Sie sind Entwürfe, die ohne theologische Rationalitätsgarantien, ohne die Garantie, daß Rationalität und Welt konvergieren, nicht funktionieren. Sie setzen voraus, daß die Welt denselben Charakter der Rationalität hat wie der Mensch. D.h. sie setzen in der Rationalität ein Drittes voraus, das in der traditionellen Terminologie Schöpfung durch den Logos heißt. Diese Schöpfung hat die ethisch-moralische Implikation, daß auch das Gute rational bestimmt sei: Das Gute als das Rationale ist ein theologisches Möchtegern, das Rationalität und Sollen als Pflicht miteinander verknüpft. Theologisch ist die Pflicht der moralische Abglanz des Monotheismus. Dagegen sind Phänomenologie und Sprachphilosophie konstatierend, nicht normierend, ein Empirismus zweiter Ordnung.

Menschenrechte sind sekundäre theologische Prädikate. Sie leiten sich aus göttlichen Prädikaten ab, haben deshalb alle Elemente der absoluten Begriffe an sich; ja, sie sind die Musterbeispiele solcher absoluten Begriffe. Menschenrechte sind Freiheitsrechte, setzen deshalb die Freiheit des Menschen Gott gegenüber – also menschliche »Verantwortung« – voraus: diese Rationalität der Verantwortung wird als »Gewissen« theologisch und ethisch begriffen. Die Freiheit gilt dann als Voraussetzung aller anderen Menschenrechte: sie fungiert vor Gerechtigkeit und Liebe. Wegen der Implikation »Verantwortung« und wegen des Abglanzes göttlicher Prädikate implizieren Menschenrechte den Begriff der Person: »Naturae rationalis individua substantia« (Boethius). Natura rationalis impliziert für die praktische Vernunft: Rechenschaft geben. Diese Rationalität kann aber nur analog zur innertrinitarischen, personorientierten, selbstbezüglichen, autonomen göttlichen Rationalität begriffen werden. Es muß um die Person des Anderen wegen der Würde der Personalität gehen. Die Würde der Personalität bestimmt, wie in der Trinität, den gegenseitigen Bezug, die Würde des Anderen bestimmt die Achtung. Zweck-Rationalität ist keine interpersonelle Verantwortungsrationalität, Zweckrationalität kann nur Entängstigung oder Wille zur Macht sein.

Nur in der interpersonalen Rationalität, in der Gutes als Rationales gesehen und geachtet werden kann, – denn es wendet sich der Wille dem andern zu und erkennt in ihm das Gute, wird dadurch gut und vernünftig und autonom in eins – nur in dieser alleroptimistischsten Rationalität ist Menschenrecht denkbar: als Abbild der göttlichen selbstbeschaulichen Vernunft.

Wenn diese Vernunft das menschliche Wesen bestimmt, dann ist es sinnvoll, daß auch die menschliche Vernunft mit dem Appetitus rationalis zum Guten (Thomas von Aquin) versehen gedacht wird. Nur in diesem Abglanz göttlicher Prädikate, die als sekundäre theologische Begrifflichkeit erscheinen, nur unter der emphatischen Geltung von Person, Vernunft und Gutem sind Menschenrechte denkbar: als der gute Gebrauch von Leben, Freiheit und Eigentum (Locke), als personorientierte, eben im Gewissen und in der Justiz garantierte Pflichten Gott, dem Nächsten und sich selbst gegenüber (Pufendorf).

Die vollständigste Reihe der menschlichen Grundrechte als Freiheitsrechte findet sich in Carl Schmitts »Verfassungslehre« von 1928:
1. Freiheitsrechte des isolierten Einzelnen: Gewissensfreiheit, persönliche Freiheit, Privateigentum, Unverletzlichkeit der Wohnung, Briefgeheimnis. 2. Die Freiheitsrechte des Einzelnen in Verbindung mit anderen Einzelnen: Freie Meinungsäußerung, Redefreiheit, Pressefreiheit, Kultfreiheit, Versammlungsfreiheit, Vereinigungsfreiheit, Koalitionsfreiheit. 3. Die Rechte des Einzelnen im Staat, als Staatsbürger: Gleichheit vor dem Gesetz, Petitionsrecht, gleiches Wahl- und Stimmrecht, gleicher Zugang zu den öffentlichen Ämtern; 4. Rechte des Einzelnen auf Leistungen des Staates: Recht auf Arbeit, Recht auf Fürsorge und Unterstützung, Recht auf Erziehung, Ausbildung und Unterricht. (Die vierte Gruppe argumentiert von einem obrigkeitsstaatlichen Versorgungsdenken her, es ist schwer, diese Rechte zu begründen und ökonomisch einklagbar zu gestalten; sie sind deshalb soziale Ansprüche, Politikziele, nicht hingegen persönliche Rechtstitel eines Bürgers.)

Ist die Vorrangstellung des absoluten Begriffs von Freiheit gerechtfertigt? In der abendländischen Verfassungsdiskussion werden Tugend und Aristokratie, Reichtum und Plutokratie, Freiheit und Demokratie als einander verwandt und gleichberechtigt gehandelt. In einem durch Spiritualität bestimmten Gemeinwesen fungiert die Liebe an erster Stelle, in einer agrarischen Hausväter-Ordnung die Gerechtigkeit (suum cuique), im Souveränitätsstaat die Ordnung. Wer bestimmt, daß Freiheit Herrscher im Konzert absoluter Begriffe wird? Die Herrschaft von Menschenrechten und Freiheiten ist selbst eine Entscheidung, und dann erweist sie sich als erfolgreich und praktisch-zweckmäßig: Das ist human.

55 Achtung und Gehorsam

Erhabenes ist Gut-Böse. Dem Erhabenen gegenüber sind Rationalität und Ethik sekundär.

Montaigne, Apologie des Raymond Sabonde: Demut, emblematisch. »Dem die Wahrheit Wissenden ist es gegangen, wie den Kornähren: solange sie leer sind, gehen sie aufrecht daher und recken den Kopf stolz hoch. Aber wenn sie reif werden und voll von schweren Körnern, fangen sie an, sich demütig zu neigen«.

Menschenrechte, sekundäre göttliche Prädikate, entziehen sich der Tugend und der Leistung. Es sind Rechte, die nicht mit durchs menschliche Machen konstituiert werden, sondern die schlechterdings das Handeln »werten«, richten. Sie hängen nicht am Handeln, sondern am Handelnden. Aus der Analyse des Handelns können Rechte nicht gewonnen werden, nur aus den Konsequenzen des Handelns, wie man sie gerne hätte; eine Möchtegern-Finalität. Ihre Logik ist die, daß es sich lohne, »gut« – d.i. im Sinne der Menschenrechte –

zu handeln. Wodurch diese praktische Logik ihre Kraft erhält: sie kann entweder utopisch sein und dann dem Muster folgen »Wenn alle das tun, dann ist das die Bedingung des Glücks von allen«, oder sie muß unbedingt sein: »Man muß das tun, weil ›die Werte‹ als die sekundären theologischen Prädikate das verlangen«.

Die sekundären theologischen Prädikate kulminieren im Anspruch des Guten, sich nicht in der Theorie zu erschöpfen, sondern getan werden zu wollen, sie kulminieren in der Zumutung der göttlichen Prädikate: Man soll sie nicht nur einsehen, sondern sich auch für sie entscheiden und dies »verwirklichen«. Das ist der Sinn von »sollen«.

Warum sollen wir sollen? Das ist keine sinnlose Frage, denn sie fragt nach der Rationalität des Sollens. Rationalität aber trifft das Sollen nicht, sondern nur die Begründung des Sollens, also kommt man nicht weiter. Sollen bleibt semantisches Atom, absoluter, irreduzibler Begriff, der mit dem Willen zusammenhängt, damit, daß man nachher die Vorstellung hat, man hätte irgendwie auch anders gekonnt.

Sollen ist Können mit unentrinnbarer Inklination zum Guten; das liegt an der Semantik des Guten, getan werden zu wollen.

Deontische Ethik – deontische Logik, Sollensethik mit dem Anspruch auf Logisierung der Ethik: Geht das? Kann man Sollen zum Sein machen?

Die logische Kompossibilität des Seins ist nicht dasselbe wie die logische Kompossibilität des Sollens. Der Witz liegt darin, daß das Sollen als dasjenige auftaucht, was Forderungen stellt und erst in einem anderen Akt, nach dem Durchgang durch den Willen, nach Annahme oder Ablehung im logischen Sinne »möglich« ist. Erst wenn die Forderungen akzeptiert sind, kann man die Latte der Kompossibilität an diese Forderungen legen.

Das ethisch-moralische Möchtegern unterscheidet sich durch den Pflicht-Abglanz des Monotheismus vom ästhetischen Möchtegern mit dem Schreck-Schönheits-Abglanz des Mythos.

In der Ethik hat sich die Gewalt des jüdischen Gottes als Anspruch und Freiheit mit den platonischen Ideen verbunden. Das ist der Sinn der Hellenisierung in der Ethik.

Gehört »gut« auch zum metaphysischen Palindrom sein/nichts/möglich, vielleicht als bestes, als Optimum? Oder muß man Ethik und Metaphysik radikal trennen? Jedenfalls hat »gut« den Sinn »perfekt« (Qualität), Entelechie – jedes nach seiner Art gut; und dann ist es metaphysisch. Moralisch ist es aber der Gegensatz zu böse.

Ist das Gute richtig? Kann das Gute überhaupt falsch sein? Ist das Gute eine Grammatik-Falle der Substantivierung? Dann besteht die Frage, ob Gutes nicht immer Bezug ist, intentional; stets gut – für, richtig – für?

Ist die Geltung der Moral, ohne daß sie »gesetzt« werden kann, das eigentliche Paradox der Moral? Durch gesellschaftliche Sanktionen ist Moral nicht erklärbar. Ist Moral Folge einer ursprünglichen Angst, die dann gesellschaftlich gefaßt wird? Dann ist Achtung Folge von Angst, nicht von personaler Würde. Die phänomenalen Folgen für die Ethik sind in beiden Fällen die gleichen: Ob aus Würde oder aus Angst, allemal soll das, wovor man Angst hat, berechenbar, entängstigt werden – damit eine berechenbare Würde bekommen. Das ist das, was man gerne will, das ethische

Möchtegern. Daraus wird zugleich Sollen: eine Mischung von Angst und der Einheit von Handlungszielen, die als *ein* Gut erscheinen. Dieses Gut heißt *berechenbare Würde*. Dieses Ziel ist phänomenologisch von der Angst vor dem Numinosen und der Achtung vor den göttlichen Prädikaten nicht unterscheidbar. Das Faktum von Angst und Achtung besteht, über die Herleitung läßt sich streiten.

Die wunderliche platonische Verknüpfung des Guten mit dem Einen koppelt zwei sekundäre Intentionen: Sie hat kein Fundamentum in re, sondern ein Fundamentum in mente. Denn das »Eine« ist ein Begriff, der nur in der Konvergenz von Gedachtem und Denken einen Sinn macht, und das gilt allemal für den synkategorematischen Begriff *gut*: Gut ist im Zusammenhang gut.
Der 1. Schritt: Finallogik der Güter bei Handlungen, omne agens agit propter finem. Der 2. Schritt: Die Kompossibilitätslogik des Guten. Die Möglichkeiten der vielen Güter werden zu einem letzten Guten vereint: In Gott konvergieren Gutes und Rationalität.

Gegen die Denkbarkeit der Einheit tendiert die Semantik absoluter Begriffe, durch die diese Kompossibilität in Frage steht. Deshalb braucht man ein – auch irrationales – Möchtegern, das zwischen der Einheit Gottes und den in dieser Einheit inkompossiblen absoluten Begriffen liegt. Hier ist ein Ort des Willens und der Dezision und des Wunsches. Warum? Offensichtlich deshalb, weil die Selbsterkenntnis Gottes und seine Dirimierung in seine Prädikate verschiedene Schritte, verschiedene Hypostasen sind, die unsere Rationalität übersteigen. Die Einheit des Unvereinbaren ist Hyperousia, jenseits von Substanz-Denkbarkeit. Von jedem Hypostasenschritt dieser Hyperousia zum nächsten braucht es den Willen. In diesen Willensakten handelte Gott durch seine Entäußerung, die für uns Geheimnis bleibt.

Einheit des Guten, Achtung, Autorität. Macht die Einheit die Autorität aus und die Autorität die Macht? Auctoritas – Urheberschaft von Schlägen für Angst und Achtung? Wohl kaum, denn ursprüngliche Autorität ist die Autorität des Numinosen, die Zittern und Furcht auslöst. Achtung, auch und gerade vor dem Guten, und Pflicht, Ethik/Moral, hängen mit dem Todestrieb zusammen: Beide sind offensichtlich die Grundstimmung fürs Erhabene, die psychische Version von πάσχειν, von Gehorsam, von Intellectus possibilis. Achtung ist der Affekt der Passivität beim Zittern: Zurückzucken vor dem Erhabenen, Ursprung auch des Todestriebes.

Der Todestrieb zeigt sich in der ohnmächtigen Erfahrung der Macht, er generiert den düsteren Reiz des Besserwissens, den masochistischen Pessimismus. Gehorsam (Über-Ich) und Subordination sind der passive Anteil des Habitus.

Achtung hängt mit Geltung zusammen. Den, der etwas gilt, muß man achten, auf das, was gilt, hat man zu achten. Sich in acht nehmen, Acht und Bann, Strafandrohung. Achtung! Vor-sicht! Respekt!

Gehorsam: potentia passiva, πάσχειν, Todestrieb. Zugleich Angleichung, Auflösung und Liebe. Dieser Zusammenhang ist die Phänomenologie der Macht.

56 Teleologia Nova

Moral: Welt der Wünschbarkeit.

Teleologia Nova. Nachricht von den neuen Harmonien von gut und wahr.

Möchtegern. Das Gute, das wir erkennen ist zweideutig. Wir wissen nicht, ob wir es erkennen, weil es so ist, oder weil wir es so gerne hätten. Begriffe und Erfahrung sind in diesem Zusammenhang gegenläufig. Diese Doppeldeutigkeit macht den Wunsch plausibel, es möchte das Gute eindeutig sein. Das ist der Grund für Theodizee.

Wahrscheinlich eine Hauptschwierigkeit: Sind die »Werte«, nach denen man sich richten muß, untereinander kompatibel, ist die neue Naturalisierung der Werte (wie sie das Naturrecht der menschlichen Natur gegen Darwin sozusagen kontrafaktisch zuschreibt) nicht Scheuklappen-Ethik? Wie passen absolute und infolgedessen stets zentrifugale, für die Interpretation gegenläufige Begriffe in die Teleologie?

Beim Möchtegern der Teleologie geht es immer nur darum, daß alles Schöne gut und das Gute wahr wäre. Die denunziatorischen Helden, die großen »Pessimisten«, Machiavelli, Hobbes, Nietzsche, Carl Schmitt, müssen ihre Behauptung ertragen, daß dem nicht so ist.

Ist das Reich der Sitten eigentlich eine Anarchie? Ist es der Status naturalis absoluter Begriffe, Bürgerkrieg der Moralkategorien?

Reich der Sitten contra Eudämonie. Pflicht gegen Glück? Kants Alternative ist aufgelöst, wenn Moral von dieser Welt ist. Dann aber ist zugleich Kants Postulat, daß das Reich der Sitten widerspruchsfrei funktioniert, aufgelöst in den Bürgerkrieg der moralischen Kategorien. Die Neue Teleologie erweist sich ohne Reich der Zwecke als ein Begriffsdarwinismus von Dezisionisten.

Die Scheinheiligkeit des Moralisierens. Heilig ist die Moral, aber ihre Heiligkeit wird zur Schein-Heiligkeit, zum Schein, zur Illumination der eigenen Person gebraucht, um die Gegner politisch besser im Licht und damit im Licht der Moral zu sehen. Politik, politische Macht, ist hier der Zweck der Moralität; Moral dient gerade der Macht, wenn man sie zu politisieren beginnt. Etwas mehr Diskretion bitte.

Felix, qui potuit rerum cognoscere causas. Felix?

Max Weber schließt sich Nietzsches Genealogie der Moral an; freilich verändert er den Ansatz: Er geht nicht vom ursprünglichen Kraftüberschuß des natürlich Starken aus, sondern von der Religionsphänomenologie: Das Numinose schreckt. Die Vernunft wird zur Zweck-Rationalität, zum Selbst- und Machterhaltungskalkül. Das Ergebnis: Macht und Recht sind phänomenologisch ununterscheidbar.

Nietzsches antikantianische Denunziation der Pflicht impliziert auch die Denunziation des »Gefühls der schlechthinnigen Abhängigkeit«.

Von der Mühe, gegen das Gewissen anzudenken, weil Gewissen suggeriert, das Gute wäre das Nützliche. Gewissen beansprucht, die logische Instanz des Optimismus zu sein, ohne von der eigenen Logizität Rechenschaft geben zu können.

Das Möchtegern hat seine Wahrheit nicht in der Realität, sondern im Wunsch. Es ist immer auch Gegenrealität /Utopie.

Möchtegern: in höchster Steigerung kontrarational, wie im Radikalanspruch der messianischen Religion. Zugleich entsteht auch hier im Harmoniebedürfnis von Rationalität und Religion, unter der Herrschaft der Rationalität, der Wunsch nach der Rationalität auch des Möchtegern.

Auch Möchtegern ist ein absoluter Begriff; auch das Möchtegern stellt den Anspruch, alles – bis in die politische Utopie – solle sich ihm unterordnen.

Praktische Philosophie – Möchtegern – heißt, dadurch, daß man ein Ziel setzt, der Geschichte, die verläuft, den Sinn für die Zukunft aufzwingen; den Sinn machen, den man will. Ob das möglich ist, hängt von der Leistungsfähigkeit der planenden Vernunft ab, ob das bekömmlich ist, von der Humanität dieser Planungsvernunft.

Der Bereich des Möchtegern hat gegenüber der Begründbarkeit und dem Vorfindlichen den größten Kompetenzbereich. Alles, was wir zielgerichtet machen, gehört zum Möchtegern.

Das Gute muß nicht mächtig und das Mächtige nicht gut sein.

Die Theodizee hat die theoretische Folge fürs praktische Denken, daß Wahrheit bekömmlich ist. Wahrheit und Gutes konvergieren als Logik bzw. Widerspruchsfreiheit. Das ist das Entscheidende: Wenn das Gute und die Wahrheit sich widersprechen, geschieht eine semantische Katastrophe. Denn das Gute, das in seiner Semantik immer die Anweisung zum Handeln enthält, kann dem Bekömmlichen und dem Zuträglichen zuwiderlaufen. Dann bestehen vorgeordnete – etwa »Heilsziele« – vor der »kurzfristigen« Pragmatik. Der Begriff des Guten fällt in seine Gegensätze schlecht und böse auseinander.

Gleichheit als semantisches Fundament der Ethik, und warum? Dazu Voltaire, Dictionnaire portatif:
»Égalité
Que doit un chien à un chien, un cheval à un cheval? Rien,

aucun animal ne dépend de son semblable; mais l'homme ayant reçu le rayon de la divinité qu'on appelle raison, quel en est le fruit? C'est d'être esclave dans presque toute la terre.«
Gleichheit unterstellt substantielle Rationalität der Gattung und zugleich, daß das Rationale ethisch sei, ethisch-rationale Gattungs-Gleichheit. Aber stimmt die Gleichung: Persona est naturae rationalis = moralis individua substantia? Ohne den Rayon de la divinité gibt es nicht einmal die Hoffnung, daß Rationalität und Moralität dasselbe sein könnten. Daß diese Gleichheit auch noch in der Würde der Person bestehe, welche Bedingungen einer Evidenz! Gleichheit leuchtet nicht aus sich selbst ein, sondern ist nur der Spiegel der Gnade.

Die politische Durchsetzung einer rechtsfreien, aber intern-rational-guten und deshalb ihre Bekömmlichkeit postulierenden Ethik: Demonstrationsgewissen = Sitzen auf Straßenbahnschienen oder vor Kasernenausfahrten.

Solidaritätstechnik = Ethik. Solidarvirtuose, der moderne, ethisch gute Mensch. Solidaritätsvirtuose, Solidaritätstechniker, Solitär, Sanitärtechniker, Solidaritätstechniker = Sanitärtechniker?

Wie schlimm ist es, wenn Logik schädlich ist? Ist Logik das Zwangsinstrument, das einerseits der Freiheit hinderlich ist, andererseits unerläßlich zum Leben? Ist Wahrheit Gleichmachen auf die Natur der Rationalität? Ist Freiheit Ungleichbleiben? Und sind Ethik und Freiheit nur als die freiwillige Aufgabe der Ungleichheit zu verstehen? Erfordert Ethik Verzicht auf Ungleichheit, also Identitätsverzicht? Wäre ethisch-rationale Wahrheit dann Liebeszwang? Erpreßte Versöhnung, aber auch verweigerte Entzweiung. Dieses Begriffssyndrom ist wohl die Folge der Vereinigung von Wahrheitsanspruch und Verwirklichungsanspruch in der Ethik, Folge der Nachricht von der neuen Harmonie von gut und wahr.

57 Glück und Leistung

Ethik: Bereich der Glückserwartungen

Aristoteles zum Glück: (1098 a 15) τὸ ἀνθρώπινον ἀγαθὸν ψυχῆς ἐνέργεια γίνεται κατ' ἀρετήν, εἰ δε πλεῖους αἱ ἀρεταὶ κατὰ τὴν ἀριστὴν καὶ τελειοτάτην. ἔτι δ'ἐν βίῳ τελείῳ. (Das menschliche Gute entsteht den Tugenden der menschlichen Seele gemäß nach ihren Möglichkeiten. Wenn es viele Tugenden sind, nach der besten und vollendetsten – und zwar in einem erfüllten Leben.)

Ethischer Aristotelismus nach Nietzsche: eine ethische Bescherung.

Macht ist das Wesen von Machen, das Zurücklegen des Wegs, das Um-zu des Handelns, die irreduzible Kraft des Tuns, die sich zeigt, indem Handeln geschieht. Macht ist Ziel und Weg zugleich. Der Satz »Omne agens agit propter finem« mißversteht die Macht, aber er setzt auf Leistung.

Das Gute und die Leistung: Tugend ist neuerdings als Leistung übersetzt. Wer seinen Leisten festsetzt, leistet etwas. Das, was man sich leisten kann, ist der Leisten, bei dem man bleibt und über den man vielleicht hinwegkommen kann. Leisten und Tugend: Nicht Mittelweg zwischen politischen und bürgerlichen Extremen, sondern Erfüllen von sittlichen und vor allem ökonomischen Normen: »Was zählt, ist Leistung.« Erfolgsorientiert, darin durchaus der aristotelischen ἀρετή, dem Wesen des Besten verwandt. Der Beste ist der, der am meisten erreicht. Quidquid agis, prudenter agas et respice finem. Tüchtigkeit, Tauglichkeit ist er-folgsabhängig, abhängig von dem, was folgt. Das ist final wie das griechische τέλειος. Und wenn jemand σπουδαῖος, gewandt, eben schnell ist, dann ist er in der Lage, auf schnellerem Weg erfolgreich zu sein. Erfolg: Das Ziel, das Umwillen folgt der Handlung auf dem Fuße: Leistung ist an Erfolg gebunden wie richtiges, tugendhaftes Handeln.

Der Erfolg der Leistung diszipliniert: Nicht die »Gesellschaft« (was immer das sein mag) diszipliniert, nicht die Schule, nicht die Armee, nicht die Familie: Ökonomie diszipliniert durch Erfolg, dadurch, daß sie die Konsequenz = den Er-folg, das Handeln in Rückkopplung bestimmt. Ohne Konsequenz kein ökonomisches Handeln; aber der Handelnde – das ist der Sinn des Verdienstes – muß die Konsequenzen selbst tragen. Darin besteht auch der disziplinierende Wert des Verdiensts, daß jeder verdient, was er verdient.

Gegenüber »Gerechtigkeit« ist das semantische Element »Dienst « bei Verdienst in den Hintergrund geraten: Wem dient man? Der «Gesellschaft«? Ist der Verdienst in der Gesellschaft gerecht? Die merkwürdige Verbindung von Dienen und Gerechtigkeit im Wort Verdienst hängt mit dem Anspruch an die »Leistung« zusammen: Der Dienst wird an dem Leisten gemessen, der ökonomisch bereitsteht. Dienst am Maßstab der Leistung gilt ökonomisch als gerecht: Und diese Leistung ist dann ökonomische Pflicht. Leistung ist ökonomischer Gehorsam, Ver-dienst.

Person, praktisch: Der Sinn von Sollen ist mit Leistung, Tugend und Erfolg nicht erklärt. Sollen hängt mit Gehorsam, Dienst, damit zusammen, daß Autonomie ein Wort ist, das als Kompossibilität logisch unmöglich ist, das nur als Prozeß Sinn macht. Autonomie ist auch freiwilliger Gehorsam, servitude volontaire. Daß man wollen kann, sich nicht entscheiden zu wollen, daß es die Möglichkeit des Habitus gibt, der sich selbst diszipliniert, des Habitus, der Macht darin verspürt, sich auf sich selbst zu wenden und sich damit selbst zum Gehorsam gegen sich selbst zu zwingen: diese ursprüngliche Doppelheit im Prozeß der Praxis macht die handelnde Person aus, die frei und gehorsam zugleich ist; die Person, die soll, weil sie Macht hat, zu wollen. Die Person der Praxis ist eine gespaltene Person: die Person des praktischen Macht- und Gehorsams-Habitus. Diese Gespaltenheit von Macht und Gehorsam in einer Person entspricht der Spaltung des einen Selbst-Bewußtseins.

Wir Jängelinge, Quengelinge. Statt »Wenn ich je zum Augenblicke sage: Verweile doch etc.«, die Stärke haben, sich seiner Schwachheiten nicht zu schämen, sie nennen zu können, vor allem keine Parforce-Maximen nötig zu haben.

Das Schicksal der Autonomie. Habitus ist Selbstzwang, der Doppelreiz, zugleich Macht auszuüben und sie im Gehorsam zu verspüren. Der Glanz der Macht wird nur in Befehl und Gehorsam zugleich erfahrbar. So wird verständlich, daß die Steigerung der Entwürfe ins Möchtegern eine Art Zwangsmoral bewirkt, eine Zwangsmoral der Selbstdisziplinierung. Sie ist vom Chrarakter der intensiven Selbsthingabe an das innig Gesuchte und Erwartete, das als erwartetes Noch-Nicht von der praktischen Person gesetzt ist. Es ist das, was die Person als Erfahrungssehnsucht sich vorgesetzt hat und bange erwartet: So entstehen Gehorsam und Todestrieb bis zum Martyrium für die kommende »Wahrheit«, die von Erwartung und Wunsch ununterscheidbar ist.

Ist Moral eine Angelegenheit der Dezision?
Es gehört zur Wollens-Fähigkeit der gespalten-autonomen Person, sich je für einen Wert, einen praktischen absoluten

Begriff zu entscheiden und ihn als den für die konkrete Situation »gegebenen« zu be-»finden«, d.i. zu beurteilen und zu entscheiden. Die Frage nach der Kompatibilität der Begriffe untereinander stellt sich dann später. Das schlechte Gewissen, die phänomenal nachkommende Rationalisierung, fordert nach einer Entscheidung die Rechte der anderen absoluten Begriffe ein. So macht das Gewissen der Person ihre Gespaltenheit, ihre Bekehrungs- und Verratsstimmungen, damit ihre Freiheit fühlbar.

58 Recht

Rache und Recht haben dieselbe Etymologie: aufrechnen. Apostelgeschichte, Stephanus: Herr rechne es ihm nicht zur Sünde an: κύριε μὴ στήσῃς ἀυτοῖς τὴν ἁμαρτίαν ταύτην. Στάσις ist Feststellung des Rechts.

Revenge und Revanche von revengo, ich komme darauf zurück. Auch das Darauf-Zurückkommen ist Rache. Das ist das Nicht-Vergessen-Können. Es ist der Fluch des dynamischen Gedächtnisses, das zur Selbststabilisierung – noch neurotisch – unfähig ist. Das hat dauernde Hyper-Nervosität zur Folge. Entspricht das der jüdischen Frage nach Auschwitz?

Der Unterschied von Rache und Recht: zunächst fließend. Beide haben, wie immer man das Recht faßt, etwas von Gleichheitsvorstellungen, Aus-gleich, Äquitas, an sich: Auge um Auge, Zahn um Zahn. Ius talionis. Rache hat, streng genommen, vornehmlich den Schein des Rechts. Unterschiede: Rache will auch Machtgewinn, wie bei Stummfilmen, wo immer ein bißchen mehr zerstört wird als das gleiche. Rache ist Teil des Verhängnisses, der Erynnienwelt, der vorhersehbaren Steigerung der Gewalt. Rache ist nicht nomos, Rache ist stets an Familien und Gruppen orientiert, ist vorstaatliches Recht, verbunden mit Anspruch auf Machtgewinn für die rächende Gruppe. Staatliches Recht kann, weil das Machtmonopol schon beim Staat liegt, keinen Machtgewinn wollen. Weil das Machtmonopol nicht gesteigert werden kann, ist Rache im Staat objektiviert, hängt nicht an der Genealogie. Zugleich wird im Staat durch die Trennung des Rechts von Familien und Clans deren Autorität und Macht geschwächt.

Die Rache wird vom Betroffenen oder seinen Familienmitgliedern ausgeübt: Blut zu Blute, das ist Bindung an die Genealogie. Die Logik der Rache ist nicht, Gleiches mit Gleichem zu vergelten, sondern Mehrung der Macht, auch zur Verhinderung der neuen Interessenkollision, zugleich archaisch dumpfe Zwangsläufigkeit: Logik der Machtsteigerung der Rächer, Zwangsläufigkeit des Aufschaukelns. Der Objektivierungsprozeß ist Entfamiliarisierung: Einsetzung eines Richters, Einsetzung eines Richtergremiums, die die Verletzung an Gut und Blut und Ehre ehrenhaft beurteilen. Dann erscheint Äquitas als Recht – nicht Interessenverfolgung, sondern als Autorität und Objektivität. Erst jetzt haben die ulpianischen Rechtsgrundsätze Sinn: Honeste vivere, suum cuique tribuere, neminem laedere.

Nomos ist so etwas wie eine abstrakt faßbare Verbindlichkeit, Satzung. Recht ist zugleich ein absoluter Begriff, der Politik als absolutem Begriff entgegensteht. Rache ist etwas wie der genetische Bodensatz des Rechts: Ohne Rache wäre kein Recht, aber Recht darf nicht Rache bleiben.

Äquitas: Über Rechtsgrundsätze Ulpians hinaus eine politische Kategorie. Verrechtlichung im Polytheismus: Depotenzierung der Götter zu Rechtsgarantien. Sie fallen dann selbst unter Rechtsgrundsätze, sind nicht mehr Herr.

Was sind Institutionen: Römisches Recht, Ein-richtung, Ein-rechtung, Ordo, Organum: Recht hängt mit richtig zusammen – richtig bestimmt auch den etymologischen Sinn von Rechnen. Dann liegt die Bedeutung von »Recht« ganz nahe bei Sinn!

Etymologisch: vier Sorten Recht: ius – iubere, Befehl – νόμος, νέμειν, weiden, verteilen; ratio – rechnen, verantworten; Recht – Richtung.

Raum fordert Recht. Zeit, Index von Veränderung, zerstört Recht. Recht setzt Zeit still.

Die politische Kompossibilität von Einheit und Vielheit ist der Begriff Ordnung. Im Raum des Politischen heißt diese Ordnung Recht; dabei reicht der Begriff Recht über das Politische hinaus, bleibt aber im Anziehungsbereich des Politischen.

Auch das Recht braucht seine Logik, seine Ratio ist ein Moment seiner Geltung. Logik ist keineswegs das einzige Geltungsmoment des Rechts, aber ohne Logik ist auch die Stabilität der Autorität, die ja angeblich Recht macht, gefährdet. Die begrenzende Ordnungsleistung reicht auch noch in den Bereich, in dem man resignierend sagt, dieses oder jenes könne »nur historisch erklärt werden«. Im Konfliktfall kommt das Recht in die Situation, daß nicht nur entschieden werden muß, sondern daß das Recht in seiner Geltung gerechtfertigt werden muß.

Reor – lat. – ist rechnen und rechtfertigen, Ratio ist Begründung und Rechtfertigung, das deutsche Wort Recht hängt wie rechnen mit Richtung zusammen; Rechtfertigung ist »Ver-antwortung«. Das heißt, man muß auf Fragen nachvollziehbare Begründungen, mindestens plausible Beschreibungen dafür geben können, »warum« man etwas getan hat. Wie immer man die Begründung faßt, ob anspruchsarm oder anspruchsvoll: Recht muß sich befragen lassen – und das Ziel, die Ratio essendi dieser Befragung ist die Legitimität des Rechts.

Rechte, von denen man ausgeht, müssen vorfindlich sein, man kann sie nicht selbst grundlegen, es sei denn, man akzeptierte zuvor ihre Grundgelegtheit und damit Geltung, die im Nachhinein wegen des Erfolgs – plausibel ist.

Rationale Zweckmäßigkeit hat als Ziel: Macht. Wollen und Einsicht in die Sachverhalte sind zwei Paar Schuhe. Die Gegenposition zu wollen ist erkennen, denn ob ich die Erkenntnisziele wollen soll, hängt von Entscheidung ab.

Sind Menschenrechte, wie sie akzeptiert werden, rational? Sie sind staatsrechtlich negativ bestimmt, Rechte von Freiräumen, Abwehrrechte. Es sind Rechtsansprüche auf Freiräume, als Abwesenheit von Fremdbestimmung und Weisungen. Bestimmung dieser Räume: Man ist erstens spontan und frei im theologischen Sinne. Zweitens ist man schuldfähig und frei im theologisch-strafrechtlichen Sinne. Diese beiden Bestimmungen gelten für Einzelpersonen. Man ist drittens frei im Sinne von Eigentumsberechtigung und Geschäftsfähigkeit dergestalt, daß man mit der Sache nach Belieben verfahren und andere von der Einwirkung ausschließen kann. Viertens: Es gibt Assoziationsfreiheit: Verträge des Zusammenschlusses mit anderen. Die letzten beiden Punkte gelten für natürliche und juristische Personen. Die übrigen Rechte sind äußere und innere Rechte natürlicher Personen: Freizügigkeit. Freie Meinungs- und Religionsausübung, Pressefreiheit.

Sind diese Abwehrrechte schon Emanzipation zur Autonomie? Sind die Menschenrechte Rechte, die sich als Erfahrungsrechte in einem an Freiheit orientierten Staat historisch gezeigt haben? Sind diese Rechte als historisch erfahrene Rechte rational begründbar? Was heißt in diesem Verhältnis Rationalität? Wenn es rationale Rechte sind, müssen sie aus der Selbstkonstitution der Freiheit begreifbar und eindeutig von daher begründbare Rechte sein. Selbstkonstitution der Freiheit ist Autonomie. Aber da liegt das Problem: Es ist das Schicksal der Autonomie, daß sie sich als Selbstdisziplinierung von Machtverhältnissen herausstellt, als Reiz, Macht auszuüben und Gehorsam zu verspüren. So ist auch Autonomie Symptom des Willens zur Macht. Damit ist aber die personale Würde nicht Bedingung der Autonomie, sondern nur ihr Schein. Die Menschenrechte, die in ihr grundgelegt werden sollten, sind dann nur Funktion des Willens zur Macht und also Schall und Rauch.

Sollen Menschenrechte rational begriffen werden, dann aufgrund der Würde der Person. Die ist nur unter der Voraussetzung von emphatischer Personalität und gegenseitiger Achtung denkbar. Aber diese beiden Voraussetzungen sind nicht Autonomie, sondern Anerkennung der Begrenztheit der Autonomie: Gehorsam und Achtung gegenüber dem, was man gern hätte und was sich als eine Möglichkeit der Erfahrung findet. Entscheidung für die personal orientierte Menschlichkeit ist ein Ausschnitt der praktischen Vernunftmöglichkeiten. Diese Vernunft ist theonom – als Pflicht denkbar, als Entscheidung zum Gehorsam gegenüber dem als human Begriffenen, nicht gegenüber dem autonom Gesetzten. Menschenrechte sind nur möglich, wenn Freiheit kein absoluter Begriff ist.

Recht ist kein absoluter Begriff, Recht wird absoluter Begriff, wenn es in die Moral eingebunden wird. Dadurch wird

Recht intellektuell eindeutig. In die Moral integriertes Recht wird selber moralisch und hat, wie alle Kraftfelder absoluter Begriffe, holistischen Charakter: Es gibt keine Adiaphora. Dann gibt es auch keinen Dezisionismus, nur Rechtsrigorismus. Moral kann keine Adiaphora ertragen. Adiaphora sind denkbar innerhalb eines Rechtsrahmens, der auf Moral und Politik als absolute Begriffe verzichtet. Adiaphora entstehen durch Dezisionsverzicht und sind Indiz von Gelassenheit.

Recht läßt sich als Ordnung holistisch begreifen. Dann ist Ordnung der absolute Begriff des Rechts; reine Rechtslehre ist juristisch autarke Logik. Reine Rechtslehre ist nur durch Ordnung normatives Vernunftrecht, Natur- und Menschenrechte haben keinen Ausnahmestatus.
Hier braucht man keine rechtschaffenden Dezisionisten als Richter, sondern juristische Subsumptions-Techniker.

Freilich: Recht ist immer auch praktisch: Denn es hat den Anspruch, der dem Anspruch des Guten analog ist, nicht nur erkannt, sondern auch verwirklicht zu werden. Zustimmung ist nicht Theorie, auch Zustimmung hat den Charakter von Entscheidung. Diese Dezision verhilft dem Recht zur Wirksamkeit, immer mit dem Risisko, es dabei zu brechen.

59 Politik

πᾶσα γνῶσις καὶ προαίρεσις ἀγαθόν τινος ὀρέγεται (Aristoteles, Nikomachische Ethik).
Alle Erkenntnis und alles Vor-nehmen drängt zu einem Guten.

Philosophie eröffnet Erfahrung, braucht deshalb nicht fürs Hier und Heute der Politik Rezepte zu liefern.

Aus dem Aufscheinen der Freundschaft wird keine Politik: es braucht Institutionen, Ämter. Wem Gott ein Amt gibt, dem gibt er auch Verstand, und umgekehrt: Rex eris, si recte egeris.

Gegen jeden absoluten Begriff gibt es Gegenbegriffe; gegen Politik als absoluten Begriff hilft im praktischen Leben der Gegenbegriff zur Herrschaft: die Liebe. Jemanden beim Namen nennen muß nicht Herrschaft sein, es ist denkbar, jemanden mit dem Namen zu identifizieren und zu akzeptieren. Das Geschwafel von der absoluten Herrschaft ist nur die halbe Wahrheit.

Treue; trauen. Nicht: Hand legen auf, nicht vereinnahmen, aktiv trauen: jemandem trauen, das Risiko, den andern anders sein zu lassen, ohne einen Feind aus ihm zu machen. Das ist extrem »unpolitisch«, weil vertrauensselig, ist der Vorschein von Seligkeit, macht aber Personalität und Kommunikation möglich. Mißtrauen ist nicht die Bedingung bekömmlicher Politik.

Sofern Politik bekömmlich sein will – und das ist keineswegs sicher – taugt weder Politik als absoluter Begriff für die politische Praxis noch taugen andere absolute Begriffe fürs kommode Zusammenleben. Kommodität im Zusammenleben ist aufs Decorum angewiesen.

Politisch ist das Verläßliche, was wir machen. Das, was uns begegnet, müssen wir uns anbequemen; politisch, auf Macht aus, legen wir die Hand darauf, passen wir es uns an. Das ergibt politische Sicherheit durch Herrschaft. Aber erst mit dem, was uns widerfährt, im Moment auch der willentlichen Passivität, der Gelassenheit, kommen wir aus der Politik heraus.

Der »politische«, der angeblich »realistische« Blick der Politik hat den düsteren Reiz des besserwisserischen, masochistischen Pessimismus. Der politische, »realistische«, modisch pessismistische Blick nimmt die Welt als die schlechteste aller möglichen Welten. Er ist vom Todestrieb, von der Auflösung im Sinnlosen bestimmt. Wolkenkuckucksheim ist für diesen Blick nur die Gegenhölle. Es ist die Perspektive des Verhängnisses und des ohnmächtigen Gehorsams, die Perspektive des subordinierten, passiven, des leidenden Teils der ἕξις. Das ist keineswegs die Perspektive der Herrschenden, es ist die Kellerlochperspektive, die Perspektive aus der ohnmächtigen Wut der Zu-kurz-Gekommenen.

Handeln allein ist Autonomie ohne Gesetz. Dem entspricht der Schein des Bedeutenden. Er deutet immer nur auf sich selbst, hat sonst nichts zu sagen.

Größe: immer radikal, nie konsequent? Jedenfalls ist das die Maxime einer höchst wirkungsvollen Selbstinszenierung, denn diese Größe hat den Abglanz des Schreckens, des Unberechenbaren, die in Furcht und Zittern hält.

Der Umgang mit Größe ist wie der Kierkegaards mit Gott: Furcht und Zittern. Zugleich Liebe: sobald ich Größe berühre, muß ich dialektisch denken. Macht und Recht beieinander: der Große ist allemal der, bei dem die Berechenbarkeit aufhört und zugleich anfängt, der geliebt wird, ohne daß *seine* Liebe offenbar werde.

An der Aura, am Charisma haftet das Numinose, das Unerklärliche, dasjenige, das im politischen Freund-Feind-Geschäft, im Willen zur Macht, in der Interessenvertretung nicht aufgeht. Das sind die »irrationalen« unverfügbaren, und gerade deshalb »heiligen« Mächte. Das unerklärlich Mächtige beherrscht uns dadurch, daß wir es »einfach«, eben unerklärt, anerkennen. Das reicht vom »Amtsbonus«: »wem Gott ein Amt gibt...« bis zur Revolutionstheologie »Wo die Gefahr wächst, wächst das Rettende auch«. Der politische Selbstmord aus universalgeschichtlichen Hoffnungen, der prätendiert, es könne durch politisches Selbstopfer die Ankunft des Neuen erzwungen werden, ist der Erlösungsabglanz der politischen Theologie; der zugehörige Heilige ist Thomas Müntzer. Mit der Ankunft des Charisma hört auch der Reiz und die Logik der Souveränität auf.

Geschichte als absoluter Begriff ist keine Rettung vor absoluter Politik. Denn Geschichte ohne Ende gleicht der offenen Büchse der Pandora: Ohne Recht und Berechnung, ohne Macht und ohne Gnade ist Geschichte als absoluter Begriff so heillos wie Politik. Das Heil in der Utopie ist gleichermaßen heillos: Geschichte, die utopisch zu Ende gebracht werden soll, macht jede Politik zum Übergangsstadium und rechtfertigt in diesem Stadium jede Handlung als Weg zum Heil. Utopien, das Ende der Geschichte, sind die Schule der Diktatoren.

Unterschied von autoritär und totalitär: Autoritäre Macht: quia volo. Die Politik will nur sich selbst, ihren Machterhalt, ihre Souveränität: Politik als absoluter Begriff ist der Maßstab der politischen Praxis. Theorie ist, sofern es sich nicht um politische Theorie handelt, Adiaphoron. Alles, was nicht gegen die Autorität der Politik spricht, ist gleichgültig. Es gibt die Chance von politikfreien Räumen, sofern nicht auch die Freiheit von der Politik schon zur politischen Handlung erklärt wird. Das Muster: Brechts Lamento »An die Nachgeborenen«:

»Was sind das für Zeiten, wo
Ein Gespräch über Bäume
Fast ein Verbrechen ist
Weil es ein Schweigen über so viele Untaten einschließt«.

Totalitäre Macht: Im Totalitarismus ist noch die Macht gehorsam, der Tugend, der Natur, dem Geschichtsziel, der Religion. So entstehen Tugendterror und Geschichtsergebenheit, Naturhörigkeit und Devotionspolitik. Totalitarismus kennt nicht deshalb keine Adiaphora, weil er Macht will, sondern weil er die Wahrheit gepachtet hat.

Wenn die Geglaubtheit/Glaubwürdigkeit nachläßt, wenn sich erweist, daß der objektive Geist nur politischer Habitus ist und nicht Besitz von Wahrheit, muß die sonst ohnmächtige, eigentliche Realität entschieden gesetzt werden: Setzen ist Macht. Wenn in einer solchen Krise Macht mobilisiert wird, wird jede Institution total. Souveränität und totale Mobilmachung sind konvergent.

60 Souveränität und Revolution

Der Begriff Souveränität ist nicht zu zähmen. Er hat mit seinem Begleitbegriff Dezision einen Hang zum Totalitären.

Souveränität ist die Pointe des absoluten Begriffs von Politik, das Moment der absoluten Gleichschaltung des Erfahrungsfeldes. Dieses Erfahrungs-Feld des Politischen ist durch potestas, Macht bestimmt, das Feld ist wie ein Magnetfeld auf die Macht ausgerichtet.

Die Unterscheidung von Freund und Feind führt zu Souveränität dergestalt, daß der Souverän der ist, der die letzte Entscheidung fällt, das ist Carl Schmitts berühmte »Bestimmung des Ausnahmezustandes«.

Politische Grundbegriffe: selbstverständlich Souveränität – als der Einheitsbegriff im Feld des Politischen –, Föderalismus – als der Vielheitsbegriff im Feld des Politischen –, Recht – als Ordnung von Einheit und Vielheit im Feld des Politischen.

Souveräne Einheit, Souveränität, Suprema potestas, Summum imperium, Plenitudo potestatis ist ungeteilt. Das liegt schon in der Logik des Superlativs. Sie ist absolut, Potentia absoluta.

Wie läßt sich absolute Macht denken?
Macht zeigt sich in ihrer Verwirklichung. Indem sie sich verwirklicht, setzt sie etwas außerhalb ihrer selbst, begrenzt und ordnet sich dadurch. Damit schränkt sie ihre Macht ein; sie muß also, damit sich ihre Macht als absolute zeigt, diese ihre Ordnung wieder zerstören können – und im Zweifelsfalle zerstören. So absolut, daß ihm diese Macht zugeschrieben werden kann, ist nur der mittelalterliche Gott. Duns Scotus hat dieses Problem so beschrieben, daß Gott vor der Schöpfung die Potentia absoluta besitzt, die mit ihrer Verwirklichung, in der sich Gott entäußert, potentia ordinata wird (Duns Scotus: Commentaria Oxoniensia. Lib. II, Dist. VII. Qu. I III, 469). Das Verhältnis von Potentia absoluta und Potentia ordinata ist das des gegenseitigen Ausschlusses. Beide Begriffe sind isoliert nicht denkbar, ihr Verhältnis ist im hegelschen Sinne dialektisch: In dem Moment, in dem sich die absolute Herrschaft manifestiert, gibt sie sich in dieser Manifestation selbst eine Form und begrenzt sich. (Bis dahin funktioniert diese Figur wie Fichtes Setzung des Nicht-Ich.) Eine Form geben ist identisch mit Ordnen – das ist die Potentia ordinata: Ergebnis: In dieser Fassung ist die Potentia absoluta nur sichtbar und kennbar als Potentia ordinata. Aber genau das ist ihr Gegenpol, und die Potentia absoluta darf sich dieser Ordnung nicht unterwerfen, wenn sie nicht ihren Absolutheitsanspruch aufgeben will. Also muß die Ordnung aufgehoben werden.

Die Dialektik der Souveränität zeigt sich notwendig als Dialektik der Veränderung, als Ordnungssetzung und Aufhebung der Ordnung zugleich. Juristisch heißt das: Alle Argumente mit Souveränität sind verfassungsrechtlicher Natur. Politisch heißt das: Die Souveränität ist die Bewegung, die zur Rechtssetzung (Verfassung) führt, aber auch zur Aufhebung der Verfassung: und dadurch ist die Revolutionssituation beschrieben.

Souveränität ist der Leitbegriff der Rechtsrevolution; Revolution ist die Pirouette des absoluten Begriffs der Politik.

Aufhebung ist immer dialektisch und prozessual. Das ist eine gnostische Denkform. Wenn das Neue, das sich zeigt, das lang erwartete Heil aus einer unvordenklichen Welt ist, dann zeigt sich in der Revolution der Macht genau das Gegenteil dessen, was sie zu sein scheint: dann ist Revolution das Indiz des ganz anderen. Das, was sich zeigen soll, bleibt bis zum Ende der Revolution verborgen. So verlieren revolutionäre Souveränität und absolute Macht alle Wahrheitsfähigkeit, die nicht Manifestation von Macht wäre, es sei denn, sie setzte ihre eigene Macht als Wahrheit im Vorgriff auf unerkannt Künftiges.

Souveränitätstheorien sind Krisentheorien, »In Gefahr und höchster Not bringt der Mittelweg den Tod« (Berliner Mauerspruch).

61 Staat

Souveränität legitimiert innenpolitisch das Gewaltmonopol, das gilt für Rechtsstaaten und totalitäre Staaten.

Kant: Land schafft Recht. Das ist – man weiß es spätestens seit Savigny – ein Prinzip nur moderner Staatlichkeit. Staatsrecht ist Landrecht. Recht bestimmt einen Staat territorial als die Einheit eines Rechtsgebiets, darüber hinaus mit dem Begriff »Volk«, das möglicherweise als Souverän erscheint. Wo wie immer legitimiertes Recht mit dem Anspruch des Gewaltmonopols durchgesetzt werden kann, ist Staat. Der Begriff »Volk« ist unter den Bedingungen des Politischen ein ideologisches Superadditum zur Übereinstimmung von Rechtseinheit und Territorium. »Nation« und »Volk« stabilisieren die Landrechtsvorstellung durch historische und kulturelle Identifikationsmuster. Die Übereinstimmung von Territorium, Recht und Volk definiert die neuzeitlich nationale Form der verwalteten Staatlichkeit.

Die Regionalisierung entspricht dem Verfall des Flächenstaates und fordert die regionalen Identitäten aus ökonomischen Erwägungen. Dabei haben Folklore und Tradition Hilfsfunktionen. Das gilt aber nur für ökonomisch fortgeschrittene Situationen, in traditionelleren Bereichen etwa halten sich auch noch die Nationalbegriffe.

Wer ist überhaupt der Souverän? Daß alle Gewalt vom Volke ausgeht (wie das Grundgesetz der Bundesrepublik Deutschland, Artikel 1.2 und 1.3 festsetzt), macht ein Volk nach klassischer Repräsentationslehre und Vertragstheorie zum Souverän. Durch Vertrag wird das Volk zum Souverän. Aber hat es dann die absolute Macht? Gewiß nicht, denn in dem Moment, wo es sich eine Verfassung gibt (oder wo es eine oktroyiert bekommt), ist es mit der Souveränität vorbei: denn die Rechtsveränderung konstitutiver Bereiche ist innerhalb der Verfassung nicht möglich. Da aber das Recht nun von einem Repräsentationssouverän geschützt wird, ist auch dieser »Souverän« nicht in vollem Sinne zur Rechtssetzung befugt. Souverän ist – und das definiert den Rechtsstaat – deshalb das Recht.

Wo das Recht zugunsten einer Veränderung – zugunsten von weltgeschichtlichen Zielvorstellungen etwa – von einem rechts-persönlichen Souverän (einer Religion, einem Führer, einer Partei, einer Klasse) aufgehoben werden kann, ist der Staat kein Rechtsstaat mehr, sondern ein Staat in einer Bewegung. Die Konstruktion der Souveränität aus einem ursprünglichen Vertrag des rechtsursprünglichen Volkes hat, sensu stricto, für den Rechtsstaat nur die Aufgabe, die Rechtsförmigkeit des Zustandekommens einer Verfassung analog (denn eine solche Vertragssituation findet ja nie statt) zu beschreiben, eine Art Rechtfertigung als ob. Und danach darf die Souveränität nur als machtbefugte Gesetzesgarantie auftreten, die den Staat in seinem Status quo erhält; denn unter rechtsstaatlichen Bedingungen gilt Souveränität nur als »suum esse conservare« (Spinoza) des Staates. Die Stabilität des Staates garantiert dann die Berechenbarkeit der Gesetzgebung, – und auch das definiert die Rechtsstaatlichkeit.

Was heißt eigentlich »darf« im Zusammenhang mit Rechtsstaatlichkeit? Ist »darf« der Index der Reinheit der Rechtsstaatlichkeit – als »reiner« Rechtslehre? Ist es der Index von Moralität und Menschenrecht, der Index von Bekömmlichkeit oder Erfolg?

Gesetze sind nicht für Liebende da, das ist paulinische Einsicht. Deshalb ist der Staat (und die Politik, die auf Macht aus ist) auch nicht ethisch, sondern legalistisch. Der Staat braucht nicht in die Herzen zu sehen, aber er muß auf die legitime Konstitution und Exekution der Gesetze achten. Das ist der Rechts- und Gerechtigkeitssinn der Dezision.

Souveränität des Rechts ist nur scheinbare Souveränität, denn sie läßt sich auf Berechenbarkeit ein, ist der Logik untergeordnet. Sie ist nur »Schein«- Souveränität, Souveränität im eingeschränkten Sinne, weil sie das Recht nur innerhalb eines Rahmens verändern kann: Dieser Rahmen ist entweder natur- und menschenrechtlich definiert (das macht die Legitimität der »bürgerlichen Revolutionen« aus) oder er ist, wenn Rechtsstaatlichkeit vorliegt, bereits in der Verfassung angelegt.

Die Vorteile der Rechtssouveränität:
1. Berechenbarkeit. Durch die Rechtssouveränität, die nichts will außer sich selbst, werden die Rechtsverhältnisse stabil, damit berechenbar und, wenn die Institutionen verfassungsgemäß eingesetzt sind, die Rechte vor Gericht einklagbar.
Das setzt voraus: Unabhängigkeit der Justiz, vor allem im Verhältnis Einzelner – Staat. Der klassische Fall: Verwaltungsgerichtsbarkeit.
2. Realität des Rechts. Im Falle der Rechtsstaatlichkeit ist die Realisierung des Rechts, der Akt der Dezision, ein Rechtsakt: Recht zu erzwingen ist ein legitimer Akt der Exekutive. Das nämlich macht die Realität von Recht aus: Die Dezision, das Recht als Handlungsnorm anzuerkennen. Wenn die Dezision nicht freiwillig und aufgrund der inneren Autorität des Rechts erfolgt, dann erfolgt sie durch staatliche Dezision: durch den Zwang von Gerichten und Polizei.
3. Legitimität. Die Legitimität der Rechtssouveränität liegt darin, daß der Rechtsrahmen der Menschenrechte als in der Verfassung staatsrechtlich formuliert gilt. Dies wird als zureichende Rechtssicherung für die Legitimität der staatlichen Institutionen angesehen. Diese Legitimität wird derzeit formal durch Gewaltenteilung glaubwürdiger: Legislative gibt Gesetze: Gesetz, König, Junta. Exekutive erzwingt ihre An-

erkennung. Judikative prüft ihre interne Verträglichkeit mit der Verfassung, mit anderen Gesetzen und urteilt über die Einhaltung der Gesetze.

Totalitäre Souveränität. Die Aufhebung des Verfassungsrahmens zugunsten weltgeschichtlicher Ziele definiert einen totalitären Staat. Rechtliche Unberechenbarkeit ist die Definition von Terror. (Robespierres Tugendausschuß in der Französischen Revolution zeigt das hinlänglich.) In einem Rechtsverhältnis kann es keine absolute Souveränität geben, vielmehr ist hier die Veränderungskompetenz der Souveränität durch das Recht sistiert.

Absolute Souveränität hebt – wegen des revolutionären Moments im Begriff der Souveränität – die Berechenbarkeit der staatlichen Ordnung, also den Rechststaat auf. Der Souverän, der, nach Carl Schmitts berühmter Formulierung, über den Ausnahmezustand bestimmt, ohne noch einen normativen Rahmen zur Verfügung zu haben, definiert das Recht als Manifestation des politischen Veränderungswillens. Die immanente Berechenbarkeit ist hier kein Legitimationsmuster des Rechts, sondern allein der Veränderungswille des Souveräns definiert und entscheidet so das Recht. Das bedeutet, daß mit solchen Dezisionen Geschichte »gemacht wird«. Ein solcher Staat sieht sich als Moment der Weltgeschichte, und das heißt, daß das Recht politisiert wird.

Politisierung als historischer Veränderungswille hebt die verfahrensmäßige Rechtfertigung des Stabilitätsrechts auf. Die Legitimität liegt politisch in der Bewegung: alles politische Recht bezieht seine Legitimität aus dieser Bewegung.

Das Recht ist nicht mehr intern gerechtfertigt, sondern extern, es wird Recht, weil es entstanden ist. Das Ergebnis: reine Positivität des Rechts. Positives Recht definiert auch einen Staat, der kein Rechtsstaat ist: Rechtspositivismus, politischer Veränderungswille und Einordnung seiner Institutionen in welthistorische Zielvorstellungen sind hier ununterscheidbar.

Für den rechtsförmigen oder den absolut souveränen Staat gilt gleichermaßen: Nach innen zeigt sich die Macht eines Staates in seinen Institutionen – vornehmlich in seiner Verwaltung und Polizei. Die Macht dieser Institutionen ist allein politisch: Sie setzen das Gewaltmonopol des Staates durch. Legale Gewalt geht nur vom Souverän aus. Das ist die Bestimmung der Legalität von der Souveränität aus in einen Staat hinein, seine innenpolitische Seite. Es hängt von der Form der Politik ab, wie die Legalitätsmuster dieser Institutionen aussehen: Wenn sie eine rechtsförmige Politik durchsetzen, müssen sie sich mit Menschenrechten und rechtsförmig-rational legitimieren lassen können; wenn sie eine absolute Souveränität durchsetzen, rechtfertigen sie sich mit der Positivität des Rechts oder weltgeschichtlichen Veränderungsnotwendigkeiten.

62 Krieg und Frieden

Zwei Institutionen haben (angstorientiert) bisher in der Menschheitsgeschichte am meisten Geld verbraucht: Kult und Militär. Die Angstorientierung haben beide gemeinsam, auch die Beschleunigung der Kultur. Beiden gemeinsam ist das Risiko, das Geschaffene aufs Spiel zu setzen: In beiden konvergieren Macht und Angst; wenn die rationalen Stabilisierungsinstanzen zerfallen, kommt der Anfangsschrecken wieder zutage.

Das Militär steht auf der Grenze zwischen innenpolitischer und außenpolitischer Seite der Souveränität. Es ist als außenpolitisches Instrument geplant, ist aber wegen seiner Macht dazu geeignet, das Machtmonopol des Souveräns nach innen zu gefährden. Denn als einzige Institution des Staates kann das Militär selbst nicht gezwungen werden. Es ist wegen seines Amtes und seiner aus seinem Amt folgenden Rüstung die mächtigste, weil potentiell gewalttätigste Institution. Innenpolitisch hat sie sich dem Gewaltmonopol des souveränen Staates unterzuordnen. Genau hier besteht aber keine Möglichkeit eines Zwanges. Das Verhältnis des Souveräns zu seinem Militär kann deshalb nicht ein durch Macht geschütztes Rechtsverhältnis sein, sondern nur ein durch Rhetorik gestütztes Rechtsverhältnis. Das ist der Grund für die Offizierscodices und die »Ehre«. Das Militär kann man nicht zwingen, wenn man es nicht auflösen will. Dieses ist aber wegen der außenpolitischen Notwendigkeiten der Souveränitätsverhältnisse unmöglich.

Nach außen definiert sich Souveränität durch das Konkurrenzverhältnis zu fremden Mächten. Konkurrenzverhältnisse der Macht bedeuten Kriegsfähigkeit.

Krieg gehört zur Logik des absoluten Begriffs von Politik. Wenn innenpolitisch das Machtmonopol die Bildung von Machteinheiten verhindert, die mit dem Souverän konkurrieren, so ist die Außenpolitik definiert durch Staats- resp. Souveränitätenvielfalt ohne Machtmonopol. Wenn das Gewaltmonopol des Staats den (Bürger-) Krieg verhindern soll, dann definiert die Abwesenheit des Gewaltmonopols das Konfliktverhältnis der Souveräne untereinander.

Unter den Bedingungen der Souveränität sind Krieg und Frieden außenpolitisch – das heißt völkerrechtlich – nicht unterscheidbar. Es sind zwei Zustände desselben Status und sie definieren sich zirkulär, Krieg durch die Abwesenheit von Frieden und Frieden durch die Abwesenheit von Krieg. Das völkerrechtliche Verhältnis souveräner Staaten untereinander ist unter den Bedingungen von Souveränität nur als Interessenkonflikt zu begreifen, die Rechtsförmigkeit ist die Kodifizierung dieses Interessenverhältnisses, und die Souveräne definieren, worin diese ihre Interessen bestehen.

Das Verhältnis souveräner Staaten zueinander ist Interessenkonkurrenz; im Zweifelsfalle werden die Interessen militärisch durchgesetzt; zur Aufrechterhaltung von Vorteilen ist Militär gleichermaßen einsetzbar. Das ist der logische Ort der Hegemonie.

Hegemonie hängt zusammen mit Handeln, ἄγειν. ἡγέομαι heißt vorangehen, den Weg weisen, führen. Bei Herodot ist der ἡγεμῶν τῶν πανὺ στρατηγῶν der Heerführer des griechischen Gesamtheeres. Ohne das Militär kommt man bei Hegemonie nicht aus, offensichtlich auch nicht ohne den Gedanken des Landrechts.

Die erste solche Großraumordnung scheint (nach C. Schmitt: Völkerrechtliche Großraumordnung, 1938) die Monroe-Doktrin von 1823 gewesen zu sein. These, positiv: Amerika den Amerikanern. Völkerrechtliche Definition: Nicht-Kolonisation außeramerikanischer Mächte, Nicht-Intervention außeramerikanischer Mächte. Dadurch ist ein Interessengebiet festgesetzt, das das außenpolitische Verhältnis der Souveräne untereinander von der formalen auf die faktische Kriegsfähigkeit reduziert: Das ist zugleich die Voraussetzung für eine Blockbildung. Ein solcher Block ist dann das Gebiet, in dem eine bestimmte Macht das Interventionsmonopol hat. Dieses Monopol heißt Hegemonie: Militärischer Eingriff auf staatsfremdem Territorium ohne Kriegsrisiko.

Beim Hegemonialanspruch wird die territoriale Integrität der hegemonierten Staaten nicht in Frage gestellt, es handelt sich nicht um eine Annexion, auch nicht um den Versuch, die völkische Eigenständigkeit bestimmter Staaten aufzuheben. Das Prinzip der Souveränität nach innen wird partiell außer Kraft gesetzt, dergestalt, daß der Hegemonial-Souverän die Form der Verfassung bestimmt. So läßt sich die »Breschnew-Doktrin« von der eingeschränkten Souveränität beschreiben, so funktioniert derzeit auch das europäisch-amerikanische Demokratie- und Ökonomie-Diktat.

63 Föderalismus

ἡ δ' ἐκ πλειόνων κωμῶν κοινωνία τέλειος πόλις, ἤδη πάσης ἔχουσα πέρας τῆς αὐταρκείας ὡς ἔπος εἰπεῖν, γινομένη μὲν τοῦ ζῆν ἕνεκεν, οὖσα δὲ τοῦ εὖ ζῆν. (Aristoteles, Politik I,2)

Die aristotelische Definition des Politischen (Politik, I,2): Freiwilliger Zusammenschluß um eines guten Lebens willen. Es handelt sich um Parteien, die sich vereinigen wegen eines positiven Guts, nicht wegen der Verhinderung eines Übels. Verhinderung eines Übels ist, soweit ich sehe, immer die Legitimationsgeschichte der Souveränitätstheorien. Aristoteles' Staatsentstehungstheorie läßt sich als Foedus, als Vertrag zwischen Personen interpretieren.

Föderalismus ist kein Gesellschaftsvertrag mit Unterwerfungscharakter wie bei Hobbes, sondern ein Zusammenschluß mit privatrechtlicher Prägung, so, wie eine Firma mit verschiedenen Teilhabern gegründet wird oder eine Aktiengesellschaft. Wenn sich diese einzelnen Gruppen an ihre Verträge halten, ist nicht Herrschaft die Hauptfrage eines solchen Zusammenschlusses, nicht die machtbewehrte

Durchsetzung einer Norm, die durch die Rechtseinheit des Staates erzwungen wird, sondern das Ziel eines solchen Vertrages ist das gemeinsame Interesse.

Der neuzeitliche Staat braucht den Einzelnen – als Bürger; sein Funktionieren ist nicht von Clans und Stämmen abhängig, Gefolgschaftstreue gilt nicht, sondern Korporationen und Institutionen lösen die Gefolgschaft ab. Historisch sind die Vorstellungen der politischen Individuation und der Staatenbildung in der Frühen Neuzeit ungefähr gleichzeitig, den Freiheitsrechten des Individuums entspricht der Staat, der seine Legitimation von diesen Rechten – und sei es nur auf Leben und Eigentum – hernimmt. Die Kirchenspaltung und die Individualfrömmigkeit sind 1. Indizien für die Vereinzelung des Individuums durch das Recht auf seinen Gott (das impliziert auch Menschenrecht), und sie legitimieren 2. zugleich den Machtstaat.

Wo Souveränität der Begriff der Einheit für das Feld des Politischen ist, ist Föderalismus fürs Politische das Moment der Vielheit; und der Begriff foedus, Bund, Bündnis reicht über das politische Feld hinaus, bleibt aber im Magnetfeld der Politik.

Die Logik des Vertrages enthält (ähnlich der Souveränität) einen anfänglichen Sprung: wenn die Verfassung, auch durch Vertrag zustande gekommen, erst da ist, ist der Vertrag verwirklicht – d.h. der vertragslose Zustand ist ein für allemal zu Ende. Aber danach können immer wieder neue Verträge geschlossen werden – es entstehen Rechtsfolgen als Vertragsfolgen.

Tausch ist die praktische Version des Satzes vom Widerspruch: Sind zwei Größen einer dritten gleich, so sind sie untereinander gleich. Tausch ist die Voraussetzung von Vertrag: do ut des auf der Grundlage einer idealen Gleichheit.

Föderalismus zielt nicht auf die Einheit des Politischen, sondern geht von der Rechtsfähigkeit der Person aus.

Föderalismus ist als Konzept – weit gefaßt – in der Lage, prinzipiell Person als substantiellen Rechtsträger, als Eigentümer und Besitzer, als Vertragspartner im Bezug auf andere Personen und auf Sachen zu fassen; damit ist Föderalismus grundsätzlich sowohl für Rechtsstaatlichkeit als auch für eine an Privateigentum orientierte Ökonomie tauglich.

Föderalismus setzt schon bei Althusius den Personbegriff voraus. Die Rechtsfähigkeit der Person ist Bedingung der Privatrechtssphäre. Personengebundene Rechtsfähigkeit ist eine Bestimmung des Freiraums, der staatsrechtlich negativ, gegen die Souveränitätsansprüche des Staats nach innen, festgesetzt werden kann. In diesem Frei-»raum«, der auch die politische Bedingung der Menschenrechte ist, ist der Einzelne als »natürliche Person« frei: Er ist spontan im philosophisch-theologischen Sinne der Willensfreiheit. Das ist die Voraussetzung für die juristische, privatrechtliche und strafrechtliche Schuld- bzw. Haftungsfähigkeit und die daraus folgenden Freiheiten im formalen Verlauf der Justiz: Haftrecht, unabhängiges Urteil etc.

Rechtsfähigkeit der Person impliziert Personalität als Eigentumsberechtigung, sofern es sich um »Geschäftsfähigkeit« handelt: Dann kann man mit der Sache, die Eigentum ist, nach Belieben verfahren und andere von der Einwirkung ausschließen.

Die Vertragsfähigkeit einer Person, ihre Haftungs- und Schuldfähigkeit, bedeutet zugleich positiv Assoziationsfähigkeit: Freiheit zur Bildung von Assoziationen, die ihrerseits juristische Personen sind und sich von natürlichen Personen unterscheiden.

Der Föderalismus ist menschenrechtlich verankert, weil er drei Leitbegriffe der Menschenrechte zur Voraussetzung hat: 1. Person, 2. Eigentum, 3. Vertragsfähigkeit. Hier konvergieren also Menschenrechte und ökonomische Grundrechte.

Person hat die theologische Valenz der Würde, Eigentum ist Indiz der persönlichen Macht, Vertragsfähigkeit impliziert Rationalität und Verantwortung.

Entscheidend für die christliche Interpretation ist die Kombination von Wille und Person; das hängt an der Definition des freien Willens seit Origenes, die Schuldfähigkeit, Verantwortung und Sünde denkbar macht. Solche Schuldfähigkeit ist für den privat-rechtlichen Bereich allemal vorausgesetzt gewesen – Schuldhaftung ist Zentralmoment des römischen Rechts von Beginn an, und zwar nicht so sehr im strafrechtlichen, sondern im vermögensrechtlichen Haftungssinn. Das zeigt sich etwa in Shakespeares Kaufmann von Venedig: Der Gläubiger kann sich an der Person des Schuldners schadlos halten. Das setzt voraus, daß Personalität = Körperlichkeit ist.

Christlich ist die Schuldfähigkeit mit der individuellen Sündenfähigkeit verbunden; sie ist der Grund der Konzeption der unsterblichen Seele. Daß jedem Menschen eine individuelle Seele dogmatisch zugesprochen wird, ist die Festsetzung der Frühen Neuzeit: 1513 setzte Leo X. auf dem 5. Laterankonzil durch, daß gegen die Averroisten nicht allein die Formel »Anima forma corporis« kanonisch wurde, »verum et immortalis, et pro corporum, quibus infunditur, multitudine singulariter, et multiplicata, et multiplicanda sit«. Dieser Seelen-Substantialismus konnte für die neuzeitlichen Naturrechts- und Vernunftrechtspositionen genutzt werden: Leibniz definiert: »Is qui, seu persona est cuius aliqva voluntas est. Seu cuius datur cogitatio, affectus, voluptas, dolor.« Damit ist Person Träger von Eigenschaften, von persönlichem »Vermögen« – und das ist wesentlich für die Selbständigkeit des Personbegriffs.

Recht im Föderalismus:
Die Legitimität ist im föderalen Rechtsverständnis persongebunden, ihre Folge ist Rechtsvielfalt. Darin liegt einerseits die Leistungsfähigkeit des Föderalismus, auf der anderen Seite seine Gefahr, so uneinheitlich und unübersichtlich zu geraten, daß das Recht institutionell – also durch Gerichte – nicht zu bewältigen und zu beherrschen ist.

Im Föderalismus wird Recht als vielfältige Interessenkonvergenz gefaßt. Die Interessenkonvergenzen bekommen zwar den Charakter von Normen, aber diese Normen sind nur relativ, sie bleiben ans Interesse gebunden. Es gilt ein zirkuläres Bedingungsverhältnis: Normen sind legitim und folglich verbindlich, sofern sie den Interessen entsprechen. Fehlt das Interesse, entfällt die Legitimität der Normen.

Die geforderte Konvergenz von Norm und Interesse delegitimiert Normativität generell, weil jeder Forderungscharakter, der über das Einzelinteresse hinausgeht, unbegründet ist. Das führt zur Destabilisierung normierter sozialer Verhältnisse in Verbänden, Kirchen, Familien. Interessenrecht bedeutet das Ende der Pflichtansprüche. Es zeigt sich, daß die Konvergenz vom Charakter des Möchtegern ist: Das Recht der Person, das Vorausetzung des Föderalismus, des Vertragsschlusses ist, kann mit dem Vertrag in seinem Rechtsanspruch aufgehoben werden. Das geschieht immer dann, wenn die Einzelperson rechtlich gezwungen wird, gegen ihr Interesse zu handeln. Das aber ist das Wesen der Minderheit bei Mehrheitsbeschlüssen.

Die Souveränität des Staates, Gewaltmonopol und Rechtseinheit besonders, wird durch die Föderalstruktur, die privatrechtlich argumentiert, zersetzt. Nicht Polemik, sondern der Legitimationsverlust der Souveränität durch Messen der Macht am privaten Interesse zersetzt den Staat.

Der Vorteil des föderalen Modells:
1. Flexibilität und Prosperität. Das föderale Recht ist für ökonomische Prosperität höchst zweckmäßig. Durch seine Abzweckung auf privates Interesse sichert es die höchste Flexibilität.
2. Realisierung: Die Realisierung des Rechts muß nicht erzwungen werden, weil sich das Recht je interessegeleitet in Verträgen vollzieht.
3. Die Legitimität des Rechts liegt naturrechtlich in der Vertragsfähigkeit der Person und im Recht auf Eigentum.
Föderales Recht bedeutet den Verlust des Politikmonopols (mindestens der Prärogative) in der Rechtsetzung, zugleich die Dezentralisierung der Macht auf politische und ökonomische Potenzen. Das führt zu einer Art Restitution einer vielfältigen Repräsentanz, die an ständische Repräsentanz erinnert: Repräsentanz der politisch und ökonomisch bedeutenden Verbände. Dadurch verschiebt sich aber – und keineswegs ohne Preis – die Logik des Politischen, wenn vom Monopol des Politischen, von der Souveränität her, nicht mehr gedacht wird.

Schwachpunkte föderaler Demokratie:
1. Unsicher ist, ob die Mehrheit das Richtige tut. Volonté générale und volonté de tous, Wahrheit und Mehrheit konvergieren nicht.

2. Warum soll sich die Minderheit dem Mehrheitsdiktat beugen? Die Frage nach der Legitimität der Spielregeln ist ungeklärt.

Schwindende Loyalität von Minderheiten und überstimmten Benachteiligten. Das föderale Modell impliziert die Benachteiligung der Minderheiten und der Meinung derjenigen, die sekundär von Verträgen zwischen dritten betroffen sind. Gleichzeitig wird aber auch von diesen Personen »Loyalität« oder in anderen Zusammenhängen »Solidarität« gefordert. Wenn aber die einzige Legitimation einer Norm das Interesse ist, gibt es keine Möglichkeit, für diejenigen, denen dieses Interesse nicht entspricht, die Loyalitätsforderung zu begründen.

Gewaltarme Kommunikation ist die Philosophie des Föderalismus: entscheidungsschwach, langwierig, für schnelle Konfliktlösungen ungeeignet, Gleichheit suggerierend und anstrengend. Föderalismus tendiert zur Herrschaft der Rhetorik.

Föderaler Regionalismus garantiert Prosperität mit hohem Risiko für Rechtsnormen und äußere Sicherheit. Die Normansprüche des Rechts (Moral) müssen zur Stabilisierung der Staatlichkeitsreste und für die Autorität ethischer Normen und Institutionen durch Verbände mit übernommen werden, die die Autorität, nicht die Durchsetzbarkeit der Moral propagierten. Das gilt von Turnvereinen bis zu Kirchen. Diese Vereine wären auch für die innere Bestimmung von Glück oder Heil verantwortlich, denn weder Glück noch Heil kann Aufgabe eines sich nicht national und nicht ideologisch definierenden Staates sein.

Auflösung der Territorialstaatlichkeit:
Die Verbindung von Rechtseinheit und Territorialeinheit moderner Staatlichkeit wird durch die freie Vertragsmöglichkeit aufgelöst; Verträge halten sich nicht an Landesgrenzen (wie man an vielen Beispielen von internationalen Konzernen mit jeweiligen Steuerverlagerungen etc. sehen kann).

Verblassen des Nationalen:
Der Begriff der Nation oder des Volks verliert auch die ideologische Hilfsfunktion für die Staatlichkeit. Diese Begriffe werden ersetzt durch den Begriff »Region gleichen Interesses«. (Das wäre für Mitteleuropa wohl positiv). Nation ist im föderalen Modell der Staatlichkeit nur noch eine folkloristische Einheit.

Ökonomische Prosperität:
Da das Vertragsmodell ein zugleich ökonomisches wie politisches Modell ist, folgt aus dieser Rechtsauffassung die Selbstverwaltung der Ökonomie, mit der positiven Folge einer Prosperitätssteigerung.

Überforderung der nationalstaatlichen Justiz:
Übernationale Entscheidungen sind im Föderalismus selbstverständlich. Diese Entscheidungsvielfalt ist, weil sie transnational ist, rechtlich derzeit nicht bewältigt. Die machtbewehrte Justiz ist in ihrer Kompetenz begrenzt auf den je einzelnen Staat. Das gilt fürs Steuerrecht, vor allem aber auch für die Wirtschaftskriminalität und die »Umweltdelikte«.

Außenpolitische Gefährdungen:
Gebilde, die aus regionalen Föderationen bestehen, sind dann gefährdet, wenn sie in Konflikt mit Einheiten geraten, die nach dem Souveränitätskonzept organisiert sind; weder

ist »der Tod fürs Vaterland« föderal oder ökonomisch begründbar, noch lassen sich »Rückfälle« in alte Argumentationsmuster – etwa Nationalität – in Krisenfällen verhindern.

Im Föderalismus wird die klassische Unterscheidung von Privat-, Staats- und Völkerrecht von innen her aufgelöst.

64 Föderale Ökonomie

Reichtum ist Ökonomiezweck: τὰ τελῆς οἰκονομικῆς δὲ πλοῦτος (Aristoteles, Nikomachische Ethik).

Föderalismus hat den Vorteil, daß in ihm Menschenrechte und ökonomische Grundrechte konvergieren. Die verfassungsrechtliche Folge des Föderalismus: Dyokratie von politisch-demokratischer Souveränität und ökonomischer Potenz.

Souveränitätsrecht geht vom Politikmonopol aus. Föderalrecht geht vom Ökonomiemonopol aus. Damit gibt es zwei legitime Rechtsquellen: Souverän und Person. Beide sind aus verschiedenen Begründungen legitim, ohne daß man eine Legitimitätspriorität festsetzen könnte. Deshalb ist es sinnvoll, zwei Legitimitäten nebeneinander stehen zu lassen: die föderal-ökonomische und die souverän-politische. Das hat aber die Konsequenz, daß die Rechtssetzungsprärogative des Politischen aufgegeben werden muß.

Die Vorstellungen von einem politischen Macht- und Entscheidungsmonopol sind aufgehoben. Es gibt eine Mischung von ökonomischen und politischen Entscheidungen. Statt Demokratie Doppelherrschaft von politischen und ökonomischen Verbänden. Für diese Form der gemischten und vielfältigen Entscheidungen ist freilich derzeit keine adäquate Verfassung in Sicht, denn das Modell der «Demokratie« des 18. Jahrhunderts mit Gewaltenteilung und Souveränitätsanspruch ist für die ökonomisch-politische Polykratie ungeeignet.

Das Territorialprinzip des neuzeitlichen Staatsrechts muß sich neu verteilen. Unter der Bedingung der Rechtssouveränität, die die Geltung von Menschenrechten und ökonomischen Grundrechten einschließt, kann ein Bund die Rechtsgarantie übernehmen. Durch eine überstaatliche unabhängige Justiz und durch eine Bundespolizei, die föderal kontrolliert wird, können das Privat- und das Strafrecht in überstaatlichen Großräumen gesichert werden. Gesetzgebung geschieht durch ein gemeinsames Parlament aller Bundesgenossen oder durch regionale Parlamente.

Die Großräume sind föderal organisiert: freiwilliger Zusammenschluß um eines guten Lebens willen. Die innere Garantie: Menschenrechte und funktionierende Ordnung. Äußere Garantie: Reichtum. Elemente des Bundes: Regionen gleichen ökonomischen Interesses.

Der großräumige Bund ist kein Träger einer politischen »Identität«. Die internen Institutionen: Nationen, Sprachen, Landsmannschaften, Kirchen, Sportvereine nutzen die Freiräume, die die Ökonomie bietet, für die innere Auffüllung irdischen Glücks. Ihre Funktion ist das Glück in der Freizeit.

Der Bund garantiert das Recht.
Die Ökonomie garantiert das Fressen.
Die Institutionen garantieren die Moral.

Das ist möglich, wenn der Bund mit Ordnungspolitik als Dompteur des Tigers Ökonomie wirkt, indem er vier Punkte beachtet: ausgeglichene Handelsbilanz, ausgeglichener Haushalt, niedrige Zinsen, Geldwertstabilität.

Die Grenzen dieses Bundes werden durch die Geltung der Bedingungen dieser Föderalverfassung definiert: Menschenrechte und ökonomische Grundrechte. Das gilt nach innen und nach außen.

Innere Ausgrenzung muß wegen der Souveränität des Rechts rechtsförmig festgestellt und dann polizeiähnlich erzwungen werden. Die Ordnungsmacht kann – die Gefahr bleibt – in einem solchen Krisenfall gegen den Bund putschen. Dann siegt die Logik der Souveränität, dann herrscht der absolute Begriff der Politik über die Souveränität des Rechts.

Äußere Ausgrenzung bleibt nur militärisch denkbar. Wenn Gut-Leben der Bürger Staatsziel ist, dann ist das Interesse des Bundes ökonomische Selbsterhaltung. Das gilt für agressive Markt-Sicherungspolitik und für die Verteidigung des eigenen Reichtums.

Wenn überhaupt bei föderalen Regionalzusammenhängen Außenpolitik getrieben werden soll – und das heißt in wesentlichen Teilen Marktsicherungs- und Außenhandelspolitik – sind diese föderalen Gebilde außerordentlich schwerfällig, denn die außenpolitischen Belange beruhen auf Interessenkonvergenzen, die erst ausgehandelt werden müssen. Die alten raumrechtlichen Hegemonieansprüche werden gegenstandslos, wenn sie ökonomisch-politisch substituiert werden, das heißt, daß die Hegemonie sich, wie früher im Seehandel, auf die Garantie offener Handelsstraßen und freier Märkte verlagern muß, auch gegen die dann ja nicht mehr definierbaren Interessen anderer Regionen.

Unterschiedliche Entscheidungsgeschwindigkeiten.
Es gibt eine bemerkenswerte Korrespondenz: Den entscheidungsschwerfälligen, regional gedachten föderalen Gebilden korrespondieren überregionale wirtschaftliche Einheiten von hoher Entscheidungskompetenz. Dafür, daß beides zusammengehen soll, fehlt eine politisch-ökonomische Verwaltungsordnung.

Aber für die ewige Seligkeit sind weder Politik noch Ökonomie zuständig:
Quicquid agis
Prudenter agas
Et respice Finem.